TEMPLV S. PETRI ET
S. TRIVM REGVM
AD PREDICATORES
SENT LVPVS
FRANCKE TORN
T. CORPORIS CHRISTI
AD MARIE GRADVS
T. MAXIMIN

◁◁ HISTORISCHES KÖLN – Kupferstich
von Anton Woensam (1531)

BILDFOLGE – Farbbildrundreise durch KÖLN
CONTENTS – Pictorial tour of the city COLOGNE

Liebe Anna!

KÖLN/COLOGNE

Wir schenken Dir dieses Buch als kleine Erinnerung an Köln. Das ganze Team der JH-Köln-Deutz wünscht Dir für die Zukunft alles Gute.
Schön, dass Du da warst!

Beate Pawlinski
Gabriele Thiesen
Annemarie Lukas
S. Schwarz
Carmen Kraemer-Schädel
Carsten Frank
Eva
Gisela
Lore
Doris
Natalia
Michael Busch
Ruth
Inge
Erika
Annika
Claudia
Birgit
Lydia Schminnes
Marcus Thiesen
Beate
Mary
Marlene
Volker
Franz

VORWORT

Die vorliegende Farbbild-Rundfahrt durch das Köln – gestern und heute – wird den Kölnern und den Köln-Kennern ebenso gefallen wie den Gästen und den Lesern fernab von Köln. Dieser neue Bildband von Köln in der Jahrtausendwende macht Appetit auf unsere wunderschöne Stadt.

Köln ist eine alte Stadt mit Geschichte und Tradition, Köln ist aber auch eine junge Stadt, die sich noch weiter entwickelt und ehrgeizige Ziele verfolgt. Dort sehen Sie die Reste unserer römischen Vorfahren, den gotischen Dom und die Torbogen des Mittelalters. An anderer Stelle sehen Sie mit der Köln-Arena die modernste Multifunktionshalle Europas, Filmstudios und glänzende Einkaufsgalerien, die Einkaufserlebnisse vermitteln. Wie Köln die Herausforderung der Zeiten erkannt und angenommen hat, sehen Sie z.B. daran, dass Köln mit seinen zahlreichen Hörfunk- und Fernsehsendern, sowie mit vielen Produktionen heute auf Platz eins der deutschen Medienstädte steht.

Den Reiz unserer Stadt machen aber ganz besonders die Menschen aus, die hier leben. Es ist die Offenheit, die Toleranz und das freundliche Wesen, welches die Kölner auszeichnet. Diese Mentalität findet ihren Ursprung darin, dass im Laufe der Jahrhunderte viele verschiedene Völker, Pilger und Flüchtlingsströme durch das Rheinland gezogen sind. Heinrich Böll, Nobelpreisträger für Literatur und Kölner Ehrenbürger hat hierzu einmal gesagt: "Von all diesen Völkerscharen blieben Fußkranke und Deserteure, Spaßmacher und Händler zurück."

In Köln treffen Sie auf ein buntes Völkchen, 180.000 Ausländer aus über 150 Nationen, die in Köln ihre Wahlheimat fanden. Sie sind der Beweis für eine menschenfreundliche und sympathische Stadt.

Liebe Leserinnen und Leser, lernen Sie unsere Stadt kennen, entdecken Sie das lebens- und liebenswerte Köln.

Herzlich willkommen in der Domstadt am Rhein.

FRITZ SCHRAMMA
Oberbürgermeister der Stadt Köln

ZIETHEN-PANORAMA VERLAG
53902 Bad Münstereifel, Flurweg 15
Telefon: 02253 - 60 47 · Fax: 02253 - 6756
www.ziethen-panoramaverlag.de

3. Auflage – Neugestaltung

Redaktion und Buchgestaltung:
HORST ZIETHEN
Texte: DR. MAX-LEO SCHWERING
Englische Übersetzung: John Stevens
Französische Übersetzung: France Varry

Gesamtherstellung:
ZIETHEN-Medien GmbH
www.ziethen.de

Buchbindung: Leipziger Großbuchbinderei

Printed in Germany

ISBN 3-929932-25-3

Der Foto- und Karten-Nachweis befindet sich rechts auf den Nachsatzseiten.

Eine Bilderreise zur Metropole am Rhein
KÖLN/COLOGNE

Text: Max-Leo Schwering
Farbfotografie: Horst Ziethen u.a.

Stadtgründerin Agrippina

ZVP ZIETHEN-PANORAMA VERLAG

Ein Bummel durch die Kölner Altstadt / Stroll through the Old City / Vieille-ville de Cologne

Touristen, die aus aller Welt der alten Römerstadt am Rhein zustreben, spüren immer noch auf Schritt und Tritt das Flair, die unvergleichliche Atmosphäre eines durch Jahrhunderte gewachsenen, geschichtsträchtigen Stadtkörpers. Die Römer legten vor 2000 Jahren mit der Colonia Claudia Ara Agrippinensis, kurz CCAA, den Grundstein dazu. Heute ist Köln eine Millionenstadt. Urbaner Lebensgeist macht sie zur unbestrittenen Rheinmetropole von Weltrang. Immer fiel dieser Stadt eine Vermittlerrolle zwischen Ost und West, Nord und Süd zu. Kaufleute vergangener Jahrhunderte waren solchem Auftrag genauso verpflichtet, wie die Messepolitik der modernen Großstadt. Ein erster geschlossener Autobahnring mit höchster europäischer Verkehrsdichte, der Rhein als internationale Wasserstraße und der Konrad-Adenauer-Flughafen in Köln-Wahn bürgen dafür. Brükken haben immer symbolische Bedeutung. Kaum irgendwo sonst wird dies offenbarer als in Köln.

Everywhere they go, tourists who flock to Cologne from all over the world sense the flair and unique atmosphere of the old Roman city on the Rhine, that has evolved over the centuries and is still steeped in history today. The Romans laid the foundation stone, as it were, 2000 years ago, when they founded Colonia Claudia Ara Agrippinensis. Today, Cologne is a city of a million inhabitants. Its urbane culture makes it the undisputed Rhenish metropolis, a genuinely cosmopolitan city. It has a long tradition as a mediator between east and west, north and south. The merchants of days gone by fulfilled this task, as the modern trade fair centre does today. The motorway ring, the first in Europe, the Rhine, an international waterway, and the Konrad Adenauer Airport underline the fact. Bridges always have symbolic significance. Nowhere is this more true than in Cologne.

Les touristes qui viennent du monde entier visiter l'ancienne ville romaine sur le Rhin ressentent, à chaque pas, l'atmosphère incomparable d'une cité historique qui se développa peu à peu au fil des siècles. Il y a 2000 ans, les Romains fondèrent Colonia Claudia Ara Agrippinensis (CCAA). Aujourd'hui, Cologne, ville de près d'un million d'habitants, fait sans aucun doute partie des métropoles du monde. Elle a toujours eu un rôle de médiateur entre le nord et le sud, l'est et l'ouest. Une facette de cette fonction, que remplissaient autrefois les corporations de marchands, revient aujourd'hui aux foires internationales de la ville moderne. Cologne est au coeur de l'Europe grâce à son réseau dense d'autoroutes, au Rhin, voie fluviale internationale et à l'aéroport Konrad-Adenauer situé à Köln-Wahn. Les ponts ont toujours été un symbole de communications. Cela est évident à Cologne comme dans bien peu d'autres villes du monde.

4 **Luftbild von Köln am Rhein** 5 ▷ **KÖLN, die Altstadt mit Dom und Rheinufer / The Old City / La vieille-ville** 6/7

Unangefochten gilt der Dom als das eigentliche Stadtwahrzeichen. Er wurde 1998 zum „Weltkulturerbe" proklamiert. Die Kathedrale ist die „Hauskirche" des Kardinal-Erzbischofes und immer noch Wallfahrtsziel zu den „Heiligen Drei Königen". Was wäre Köln ohne den Dom? Die Musikgruppe "Bläck Föß" lässt im Text Ihres Liedes „den Dom in Kölle, denn da gehört er hin". Willi Ostermann komponierte sein „Heimweh nach Köln" schon 1936 und setzte damit der Köln-Sentimentalität, wie dem Dom ein musikalisch-literarisches Denkmal.

The Cathedral is the city's undisputed landmark and symbol. In 1998 it was named a world cultural heritage site. The Cathedral is the Cardinal Archbishop's "home" church, and a place of pilgrimage at Epiphany. What would Cologne be without the Cathedral? The lyrics of a well-known local song tell us to leave the cathedral in Cologne, where it belongs. Another famous song, "Homesick for Cologne", composed in 1936, is full of similar sentiments, and is one of many literary and musical celebrations of this great building.

Le Dom, ou cathédrale Saint-Pierre, célèbre symbole de Cologne, est inscrit sur la liste du patrimoine mondial culturel depuis 1998. Il est également l'église du cardinal-archevêque et lieu de pèlerinage où l'on vient adorer les Rois Mages. Que serait Cologne sans son Dom? Il fait tant partie de la vie de ses habitants qu'il a été poétisé et chanté maintes fois au cours des siècles par les artistes locaux. Les «Black Föss», groupe de musique colonais réputé en Allemagne, lui rendent hommage dans une de leurs chansons qui est sur toutes les lèvres lors des fêtes populaires et au carnaval.

KD
GANYMEE ON WATER
Hasseröder

Lufthansa

Fünf Kölner Brücken auf einen Blick

Der Rhein ist seit altersher die Kölner Lebensader, denn nirgendwo spannen sich mehr Brücken über dem Strom. Die günstige geografische Lage bot durchziehenden Völkern Rast und Verweildauer. Die Folge dieser Begegnungen ist ein spezifischer Kölner Menschentyp. Seine Merkmale sind Gelassenheit, Lebenskunst - auch Arbeitsfreude, doch nicht um ihrer selbst willen. – Im Vordergrund des linken Bildes steht die romanische Kirche St. Kunibert. Rechts sieht man den „Malakoffturm" (1855) am Kölner Hafen und das „Schokoladen-Museum". Im Hintergrund dominiert das Hochhaus der Lufthansa.

Five Cologne bridges at one go

From time immemorial the Rhine has been Cologne's lifeline and life-blood. Nowhere else is the river spanned by so many bridges. The favourable geographic location made Cologne an ideal place for itinerant tribes and travellers to rest and recuperate. The archetypal inhabitant of Cologne is someone of imperturbability, calmness and composure and someone who knows how to knuckle down. – In the foreground of the photo on the left is the Romanesque church of St. Kunibert. In the photo on the right is Cologne harbour at night with the Malakoff Tower (1855) and the Chocolate Museum.

Cinq ponts sur le Rhin

Aucune autre ville sur le Rhin ne possède autant de ponts que Cologne. Grâce au fleuve et à sa situation géographique stratégique, la ville a été traversée par de nombreux peuples qui y ont laissé leurs empreintes. Ces rencontres ont engendré une souche d'hommes particulière. Le Colonais typique est un travailleur, mais il sait aussi jouir de la vie et prendre les choses du bon côté. – La photo de gauche, en bas, montre l'église romane Saint-Cunibert. La photo de droite présente une vue nocturne du port de Cologne avec la tour «Malakoff» (1855), le musée du chocolat et l'édifice illuminé de la Lufthansa.

Wenn es dunkel wird, geistern in der Altstadt nicht mehr Kölns „Heinzelmännchen", sondern Nachtschwärmer und Touristen, die hier das alte gemütliche Kölner Ambiente genießen. Nahe dem Dom beim Brauhaus Früh, kommt man zum Heinzelmännchenbrunnen und erinnert sich gern an das Gedicht: „Wie war in Köln es doch vordem, mit Heinzelmännchen so bequem!" (August Kopisch). Man trifft Menschen, die sich von der unbeschwerten Kölner Lebensart inspirieren lassen, denen das obergärige „Kölsch" aus Stangengläsern schmeckt, vom „Köbes", dem Kölschen Kellner serviert.

When darkness falls, the night owls and tourists set out to enjoy Cologne's uniquely easy-going, sociable atmosphere. A short distance from the Cathedral is the Früh Brewery and the Heinzelmännchen (Little People) Fountain. This is where you can meet the original, easy-going Cologner and enjoy a glass of Kölsch, the special Cologne beer, and a traditional Cologne snack, such as "Halver Hahn" or black sausage, served by the traditional Cologne waiter or "Köbes".

Quand la nuit tombe, la vieille-ville est envahie non seulement par les Colonais noctambules et les touristes, mais aussi par l'esprit des «Nains de Cologne» qui selon la légende, travaillaient la nuit pendant que les habitants dormaient. La fontaine des «Heinzelmännchen» qui leur est dédiée, se dresse entre le Dom et «Früh», une brasserie typiquement colonaise où on vient goûter à l'atmosphère détendue, caractéristique de la ville, mais plus encore à la «Kölsch», une bière blonde à haute fermentation, servie par les «Köbes», les garçons de cafés vêtus du long tablier bleu traditionnel.

SÜNNER KÖLSCH
RESTAURANT Pinocchio
PIZZERIA
SÜNNER KÖLSCH
Pizza zum Mitnehmen
Schnellgerichte
Mini-Pizza & Salat
SÜNNER KÖLSCH
PONCHO'S
PONCHOS
Maxi Pizza -
-Mini Preise
MARGHERITA 7,00
FUNGHI 8,00
SPINAT 8,00
SALAMI 8,00
PROSCIUTTO 8,00
TONNO 8,00
MISTA 9,00
Coca-Cola
TERRASSE
Auf der
RÜCKSEITE
des
HAUSES
Coca-Cola
Antiqua

DIE KÖLNER ALTSTADT

In der Altstadt schlägt „dat Hätz vun Kölle". Abends wird es richtig lebendig. An warmen Sommerabenden bevölkern tausende Kölner und Touristen die Terrassen bis tief in die Nacht hinein. Unzählige Restaurationen, jeglicher Couleur bieten Speis, Trank und Amüsement für Jedermann. – Das Luftbild links zeigt die Altstadt mit der romanischen Kirche Groß-St.-Martin. Der Blick ist auf den Altermarkt mit seinen traditionellen Giebelhäusern gerichtet. – Auf dem rechten Bild erkennt man den Heumarkt, den Rathausturm und den überall gegenwärtigen Dom.

Cologne's Old City

This is where the city heart throbs, especially at night and on warm summer evenings, when thousands of Cologners and tourists throng the terraces till the small hours. Countless restaurants and pubs of every conceivable style and taste provide food, drink and entertainment for anyone and everyone. – The aerial photo on the left shows the Old City with the Romanesque church, Great St. Martin. The Altermarkt with its traditional gabled buildings is in full view. – The photo on the right shows the Hay Market, the City Hall Tower and the omnipresent cathedral.

Vieille-ville de Cologne

C'est dans la vieille-ville (Altstadt) que bat le coeur de Cologne. Le quartier est aussi animé le soir que dans la journée. Il abrite une multitude de restaurants de toutes nationalités. Durant les douces soirées d'été, des milliers de Colonais et de touristes peuplent les terrasses installées sur les places ou sur les bords du Rhin. – La vue aérienne montre la vieille-ville dominée par l'église romane Grand-Saint-Martin et le quartier dit Altermarkt avec ses maisons aux toits à pignons. – Sur la photo de droite, le Dom omniprésent domine la tour de l'Hôtel de Ville et la place du Heumarkt qui s'étend au premier plan.

Hofbauer-
Orgel
Göttingen
ORGELS
SUNTOURS
Eck

△ Ringfest vor dem Hahnentor
▽ Traditionelles Hänneschentheater von 1802

Von der Altstadt zum Ringstraßenfest

△ Ringfest auf den Kaiser-Wilhelm-Ring
▽ Kölner Brauhaus Päffgen, Friesenstraße

DIE DOMPLATTE

Ein munteres Völkchen tummelt sich auf der Domplatte zwischen dem dort aufgestellten „Römischen Nordtor" und dem Dom-Hauptportal. An der Dom-Südseite, finden Veranstaltungen, wie die alljährlichen Medienfeste sowie „Open Air"-Darbietungen mit Künstlern von Weltruf statt. Die Szene wechselt schnell: Pflastermaler, ausländische Gauklertruppen, Pantomimenkünstler, Skateboardakrobaten, Protestler und das interessierte Touristenpublikum aus aller Welt. Als politisches Unikum agiert seit Jahren „Klaus der Geiger" mit kritischen Liedern wider die Obrigkeit.

Round and about the cathedral

The area round the Cathedral is populated by a merry crowd. This meeting place, decorated by the Roman North Gate - the Cathedral's main entrance -, the finial on the Southern Tower, and the fountains, is the site of big annual entertainment events, with open-air concerts by world-class artists. The scene is always changing: pavement artists, foreign artistes, mimes, skateboard acrobats, protesters, and tourists from all over the world. Klaus, the Violinist has become an institution over the last few years, playing political protest songs against the establishment.

Le parvis de la cathédrale

Le parvis de la cathédrale, appelé «Domplatte», réunit une foule très colorée. Il offre aux amateurs d'histoire médiévale l'admirable portail principal du Dom et une copie, grandeur nature, du fleuron du portail sud. Par ailleurs, il est la scène de nombreuses manifestations dont la fête annuelle des médias «Open air». Toute l'année, des artistes des rues, pantomimes, musiciens, peintres du pavé, locaux ou étrangers, acrobates du skateboard, protestataires et touristes venus de tous les pays, se partagent le «Domplatte» qu'anime souvent «Klaus le violon» de ses chansons contestataires.

△ Römisches Nordtor vor dem Dom / Roman north gate
▽ Kölner Original „Klaus der Geiger" / Cologne character "Klaus the Violinist"

△ Skateboardfahrer / Skateboarders
▽ Pflastermalerei / Pavement artists

△ Am Heinzelmännchen-Brunnen
▽ Alex am Fiesenwall

Im Sommer genießt man das Kölsch Draußen

△ Am Alter Markt
▽ Martinsviertel am Rhein

Die Boulevards von Köln

Köln pulsiert. Diese faszinierende Großstadt die sich so intim präsentiert, ist ein Plateau für über hundert Nationalitäten, welche diese Stadt beleben und prägen. So, ist es auch nicht verwunderlich, dass sich auch südländische Einflüsse hier heimisch gemacht haben. Daher trinkt der Kölner, und alle die es mit ihm tun wollen, sein Kölsch im Sommer am liebsten unter freiem Himmel. Daher kann man an einem lauen Sommerabend von einer Freiterrasse zur anderen schlendern und hier zählt, sehen und gesehen werden.

Cologne Boulevard

Cologne is a city that pulsates with life. This fascinating metropolis with its relaxed atmosphere is home to over a hundred nationalities, who bring life and colour to the city. It is therefore hardly surprising that in Cologne, you can detect a considerable Mediterranean influence, which is why the local people and all those connected with them favour drinking 'Kölsch' beer at a pavement café. It is a pleasant pastime to stroll from one open-air patio to another on a warm summer evening; what counts here is to see and be seen.

Les boulevards de Cologne

Cologne est une ville dynamique et fascinante par son atmosphère où se mêlent l'intime et le cosmopolitisme. La population colonaise est composée de plus de cent nationalités qui ont apporté des influences diverses et marqué la vie de la ville. L'influence méditerranéenne est surtout présente ainsi que le montrent depuis quelques années les terrasses devant les cafés. Aujourd'hui, dès que le temps le permet, les Colonais préfèrent boire leur bière à ciel ouvert plutôt que dans les brasseries traditionnelles. Les terrasses se côtoient sur le boulevards où on vient flâner, se rencontrer, voir et être vu.

△ Schildergasse

Köln-Boulevards

▽ Kaiser-Wilhelm-Ring

Zum Programm neuer Einkaufskultur wurde die Neumarkt-Passage im Haus der Kreissparkasse. Mit dem gläsernen Aufzug ist der Besucher auch schnell im Käthe-Kollwitz-Museum. Andere ansehnliche Geschäftsbauten, wie der Olivandenhof (1988), die Richmodis-Passage (1991) oder die Neumarkt-Galerie (1999), haben Vorzeigecharakter von weltstädtischem Anspruch. Fünf Wochen vor Weihnachten beginnt hier der größte von vier Kölner Weihnachtsmärkten mit seinem vielfältigen Angebot bis in die späten Abendstunden.

The Neumarkt Passage in the Sparkasse bank building is an essential part of the shopping experience contemporary Cologne has to offer. The glass lift also gives access to the Käthe Kollwitz Museum. Other attractive commercial buildings such as the Olivandenhof (1988), the Richmodis Passage (1991) and the Neumarkt Gallery (1999) are contemporary showpieces with a cosmopolitan flair. Five weeks before Christmas the largest of Cologne's Christmas markets gets underway, offering a very varied programme daily till late in the evening.

De nombreuses galeries marchandes ont été cons- truites à Cologne au cours de la dernière décennie. Depuis la galerie du Neumarkt (1999), installée dans l'édifice de la banque «Kreissparkasse», on accède au musée «Käthe-Kollwitz» par un ascenseur vitré. La galerie marchande de l'Olivandenhof (1988) et celle du Richmodis (1991), présentent des architectures très modernes. Cinq semaines avant Noël, le plus grand marché de Noël de Cologne, à l'atmosphère magique.

Seit 1949, als das neue Funkhaus am Wallrafplatz entstand, war das Ziel Kölns weit gesteckt, nämlich Medienstadt zu werden. Schließlich entdeckten Deutschlandfunk und Deutsche Welle – die Stimme Deutschlands in der Welt – Köln als günstigen Standort. RTL, der Kölner Lokalfunk, Vox, Viva Fernsehen u.a. kamen dazu. Inzwischen gibt es eine Medienhochschule und ein Medien-Bürgerfest auf dem Kaiser-Wilhelm-Ring. In Köln-Ossendorf boomt Europas größtes Medienzentrum, mit 19 MMC-Studios, dem „Coloneum", auf 350.000 qm Fläche.

Ever since the foundation of the new broadcasting centre on Walraff Square in 1949, Cologne's importance as a media centre has grown steadily. Deutschland Radio and Deutsche Welle identified Cologne as the most suitable base for their operations (photo on the left). They were joined by RTL, Cologne's local radio and TV station, Vox, Viva TV and other corporations. There is now an annual Media Festival on the Kaiser Wilhelm Ring and a university devoted exclusively to media studies. Cologne's largest media complex, the Coloneum, has a great boom on his 350,000-square-metre site.

Lorsque la nouvelle maison de la radio fut construite en 1949 au Wallrafplatz, Cologne était encore loin d'être une ville des médias. La Deutsche Welle et le Deutschlandradio – les voix de l'Allemagne à l'étranger – s'installèrent ensuite à Cologne (photo à gauche). Ils furent suivis ultérieurement de RTL, Vox, Viva, etc. Aujourd'hui, la ville possède une haute école des médias réputée et est la scène d'une fête annuelle des médias. Dans le faubourg d'Ossendorf, le plus grand centre des médias d'Europe: le «Coloneum» avec 19 studios cinématographiques sur 350.000 m² sur une conjoncture.

WDR

MEDIENMETROPOLE KÖLN

In Köln und um Köln herum tobt das Leben der Traumfabrik Film. Längst zählt Köln zu den führenden Medienstandorten Europas. In den letzten 10 Jahren hat die Ballung der ansässigen Funk- und Fernseh-Sender zu einer enormen Wachstumsdynamik vor Ort geführt. Über 350 Film- Fernseh- und Videoproduktionsfirmen, sowie weit über 600 Zuliefererfirmen haben sich hier etabliert, wie auch viele Stars und Sternchen. So dient das schöne Köln oft als Filmkulisse und avanciert als Stadt immer mehr zum beliebten Medienstar.

In Cologne and in the area a round Cologne has become the centre of a flourishing film industry. Cologne has long been recognized as one of the leading media capitals of Europe. In the last ten years, the concentration of radio and television companies based here has led to dynamic growth in the area. Over 350 film, TV and video production firms and well over 600 suppliers have established themselves here, as well as many stars and starlets. That is why Cologne, an attractive backdrop for so many productions, is well on the way to becoming a media star in its own right.

Les studios de cinéma et télévision ont investi les faubourgs de la ville. Cologne compte aujourd'hui parmi les grands centres de médias d'Europe. Ces dix dernières années, les nombreuses chaînes de télévision ont apporté une croissance dynamique énorme. Plus de 350 maisons de production de films, de programmes de télévision et de vidéos et quelque 600 firmes annexes se sont installées à Cologne, où résident aussi nombre de comédiens connus. Par ailleurs, on tourne beaucoup dans les rues de la ville qui servent de décor.

Unterhaltsame Shows, informative Magazine und beliebte Serien, wie auch internationale Spiefilme und Streifen für die Kinoleinwand, werden hier in unentwegter Fleißarbeit in der modernsten Film- und Fernsehstadt Europas produziert. Jeder zwölfte Beschäftigte in Köln arbeitet in diesem Metier. Das Arbeitsspektrum ist unvorstellbar facettenreich und bietet eine reichhaltige Palette der interessantesten Berufe. Auch eine neue Form des Tourismus ist hier entstanden, denn hunderte von Leuten nehmen täglich an den verschiedensten Sendungen als Publikum teil.

In Cologne, Europe's most up-to-date film and television metropolis, entertaining shows, informative magazines, popular soap operas and also international cinema films und videos are continually produced by endless numbers of hardworking teams. Remarkably, every twelfth employee in Cologne works in this branch. The spectrum of jobs on offer is incredibly varied, with scope for an extensive range of interesting professions. In the meantime the industry has given rise to a new form of tourism, for every day, hundreds of people act as a live audience for numerous TV programmes.

Shows, séries, feuilletons, magazines, documentaires, films nationaux et internationaux, l'activité de l'image est énorme dans la ville des médias et du film la plus récente d'Europe. Dans la population active de Cologne, une personne sur douze travaille dans ce secteur. L'éventail des branches professionnelles qui y sont liées est très vaste, et offre une multitude d'emplois intéressants. Par ailleurs, une nouvelle forme de tourisme s'est développée: chaque jour, des centaines de personnes viennent dans les studios pour assister aux shows, jeux télévisés et autres émissions.

Die Oper und das Schauspielhaus am Offenbachplatz (Bild unten) offerieren ein reiches Programm. Nicht jedem Besucher mag die karge Nachkriegsarchitektur gefallen. Begeisterung löste indes die 1986 eröffnete Philharmonie aus. Das über hundertjährige Gürzenichorchester fand hier ein ihm adäquates Podium. Philharmonie und Museum Ludwig haben sich zu einer Gebäudeeinheit als Musentempel im Schatten des Domes angesiedelt. In Domnähe zeigen sechs Museen ihre Kostbarkeiten. Dass Köln auch eine Musikstadt mit Weltniveau wurde, wird sich herumgesprochen haben.

The Opera House and the Playhouse on Offenbach Square offer a rich and varied programme. The austere post-war architecture is not to everybody's taste, but the opening of the Philharmonic Hall in 1996, now the home of a more than 100-year-old orchestra, was greeted with rapturous enthusiasm. The Philharmonic Hall and the Ludwig Museum are the two chief art centres in the shadow of the Cathedral. There are six museums with exquisite exhibits in the area round the Cathedral. Cologne has established a firm reputation as a world-ranking music centre.

L'Opéra et le «Schauspielhaus» (théâtre) à l'Offenbachplatz, offrent un programme extrêmement varié. Tout le monde n'apprécie pas l'architecture austère de l'Opéra, construit juste après la seconde guerre mondiale, mais celle de la Philharmonie, inaugurée en 1996, a fait l'unanimité et est un cadre digne du célèbre orchestre du Gürzenich, créé il y a plus de 100 ans. La salle de concert et le nouveau musée Ludwig forment un ensemble harmonieux à l'ombre du Dom. Le quartier de la cathédrale abrite à lui seul six grands musées.

La Gelateria
Komödie
Bully!
PERIODE 1
Ab 22. Juli

DIE KÖLN ARENA

„Brot und Spiele" war das Motto für die antiken Amphitheater (z.B. Kolosseum in Rom). In Köln wird es nicht anders gewesen sein. Die Dimensionen der Arenen waren früher schon beträchtlich. Und sie sind erweitert worden mit Kölns neuestem Glanzstück, der Köln-Arena, auf der rechten Rheinseite in Deutz. Mit allen technischen Raffinessen ausgerüstet - die künstliche Eisbahn nicht ausgeschlossen - lockt ihr reichhaltiges Programm zu Sportveranstaltungen, Konzerten, Schauspiel, karnevalistischem Allotria, oder zu Wahlveranstaltungen. Im riesigen Rund sitzen über 18.000 begeisterte Zuschauer.

Cologne Arena

The motto of the ancient amphitheatres (e.g. the Colosseum in Rome) was "bread and games". It won't have been very different in Cologne. The dimensions of those early arenas were considerable. They have been extended even further in Cologne's latest showpiece, the Cologne Arena on the right bank of the Rhine in Deutz. Equipped with state-of-the-art refinements, including the artificial skating rink, it offers a varied programme of concerts, theatrical performances, Carnival festivities, and is even used for political events. The huge circular auditorium has a seating capacity of 18,000.

Arena,comme dans la Rome antique

«Du pain et des jeux» était la devise des amphithéâtres de l'Antiquité (par .ex.: le Colisée à Rome). Les arènes romaines de Cologne avaient déjà des dimensions importantes. Mais elles n'étaient sans doute pas aussi impressionnantes que la dernière architecture de Cologne: la Cologne-Arena qui s'élève dans le quartier de Deutz, sur la rive droite du Rhin. Doté des dernières techniques, y compris une patinoire artificielle, l'édifice est la scène de concerts, music-halls, soirées carnavalesques, manifestations sportives ou politiques, auxquels peuvent assister 18.000 personnes.

CINDEDOM Kinocenter im Media-Park

Universität zu Köln

Das große Siegel
der Kölner Universität (1392)

Unter den Kölner Hochhausgiganten schießen Uni-Center und Gerichtsgebäude an der Luxemburger Straße den Vogel ab. Benachbart ist die größte deutsche Universität (gegr. 1388). Ihr voraus gingen die Ordenshochschulen der Dominikaner (1248) und der Minoriten (1263). Als Gründer galten die Geistesheroen von damals: Dun Scotus und Albertus Magnus, nachdem die Universität benannt ist.

Cologne, a University City

Of all Cologne's high-rise buildings, the University Centre and the Justice Building on Luxemburger Strasse steal the show. Compact, functional architecture reaches for the sky. Cologne now boasts the largest university in Germany (founded 1388).

Cologne, ville universitaire

Les tours immenses de l'«Uni-Center» et du complexe des tribunaux se dressent le long de la rue dite Luxemburgerstrasse qui borde le campus de l'Université. Fondée en 1388, l'Université de Cologne est la plus grande d'Allemagne avec quelque 67.000 étudiants. Elle succéda à une école des Dominicains (1248) et une école des frères mineurs (1263).

▽ Albertus-Magnus-Denkmal / Andreaskirche

Vom Rheinpark zur Flora und dem Zoo

Der Rheinpark mit Blick zum Dom / Rhine Park / Parc du Rhin

Für „Grüne Lungen" sorgte schon der Kölner Oberbürgermeister Konrad Adenauer (1917-1933), mit den von ihm durchgesetzten Grünzonen, dem „inneren und äußeren Grüngürtel". Seit der ersten Kölner „Bundesgartenschau" 1957, gibt es den Rheinpark in Köln-Deutz. Ein beliebtes Kölner Ausflugsziel mit Amüsements am „Tanzbrunnen". Dahinter breitet sich das große Kölner Messegelände aus. Die „Flora" findet man gegenüber auf der linken Rheinseite. Sie besteht seit über hundert Jahren. In unmittelbarer Nähe locken Zoo, das große Aquarium und der Botanische Garten.

Cologne's former mayor Konrad Adenauer (mayor 1917-33) established green belts within the city limits, the "inner and outer green belts". The Rhine Park in Deutz, a popular leisure and entertainment area, was created for the first Federal Garden Festival that took place in Cologne in 1957. On the opposite bank of the river is the over 100-year-old Flora. Close by is the Zoo, the Aquarium and the Botanical Garden.

Le chancelier Konrad Adenauer, maire de Cologne de 1917 à 1933, fut l'initiateur des «ceintures de verdure intérieure et extérieure» qui sont le «poumon vert» de la ville. Le «Rheinpark» sur la rive droite du Rhin, fut inauguré à l'occasion de la première exposition horticole de Cologne, en 1957. D'autres endroits de promenade appréciés des Colonais sont le «Tanzbrunnen» lieu de manifestations musicales et culturelles en plein air, les jardins magnifiques de la «Flora» qui se trouvent juste en face, sur la rive gauche du Rhin, les Jardins botaniques et le zoo avec l'aquarium.

FLORA

Zoo, Flora und Botanischer Garten sind seit der Bundesgartenschau 1957 durch eine Kabinen-Seilbahn über den Rhein mit dem Rheinpark verbunden. Aus den Kabinen genießen Touristen und Köln-Enthusiasten einen einzigartigen Blick auf das Köln-Panorama. An der Seilbahnstation im Rheinpark liegt die vielbesuchte „Claudius-Therme". Zu Beginn der sechziger Jahre sprudelte das Thermalwasser aus mehr als 364 m Tiefe und nahe war das Ziel „Bad-Köln". Doch mit dem Großbrand des Deutzer Thermalbad endete der Traum. Eine Wiedergeburt gab es als elegante Claudius-Therme.

The Zoo, Flora and Botanical Gardens have been linked to the Rhine Park by a cableway since the Federal Garden Festival of 1957. The cars offer tourists and Cologne fans a unique panoramic vista of the city. Next to the terminus in the Rhine Park is the popular Claudius Leisure Centre. In the early 1960s thermal springs were accessed at a depth of 364 metres below ground, and Cologne was on the verge of becoming a spa. But the Thermal Baths were destroyed in a huge fire. The Claudius Leisure Centre on the same site has an outdoor pool, sauna and other leisure facilities.

Depuis l'exposition horticole de 1957, une télécabine relie la «Flora», le zoo et les jardins botaniques au Parc du Rhin. Ce moyen de transport pittoresque permet de découvrir un panorama magnifique de la ville et les Thermes de Claudius, situés à la station de la télécabine. Au début des années 60, l'eau thermale jaillit de plus de 364 mètres de profondeur et Cologne se voyait déjà devenir ville thermale. Malheureusement un incendie détruisit le complexe aquatique de l'époque. Les Thermes de Claudius, construits récemment, sont décorés dans le style romain, avec des installations modernes.

Mit den Römern fing es an / It all began with the Romans / Tout commença avec les Romains

Über fünfhundert Jahre gehörte Köln zum Römischen Imperium und hatte Teil an der hohen Kultur und Zivilisation des Mittelmeerraumes. „COLONIA CLAUDIA ARA AGRIPPINENSIS" hieß es damals. Um 50 v. Chr. war bereits Cäsar am Rhein gewesen. Wenige Jahre später gründete Agrippa, der Schwiegersohn des Kaisers Augustus, das „OPPIDUM UBIORUM" - eine Siedlung mit dem germanischen Stamm der Ubier, woran das "Ubiermonument" - ein aus Quadern gefügter Wachtturm, unterhalb St. Maria im Kapitol, erinnert. Die mächtige römische Stadtmauer um 50 n. Chr. umschloss ein Quadratkilometer Wohngebiet. Als größte römische Befestigung diesseits der Alpen bot sie 50.000 Einwohnern Sicherheit und wurde zum „ewigen Grundriss" der in späteren Jahrhunderten erweiterten Stadtlandschaft. Tempel zierten das römische Köln. Sueton, der antike Kaiserbiograph, erwähnt einen Kultbau zu Ehren des Mars, in dem man als kostbare „Reliquie" das Schwert Cäsars bewahrte. Jenes Prunkstück, mit dem Vitellius (69 n. Chr.) im Prätorium zum Kaiser erhoben wurde. Dem Mercurius Augustus war ein gallorömischer Podiumtempel am Rhein geweiht. Lange glaubten die Domgräber damit einen „Vorläufer" der Kathedrale gefunden zu haben. Thermen besaß die Colonia bei der heutigen Cäcilienkirche. Wie alle römischen Städte kannte Köln Begräbnisstraßen vor der Stadt (via appia). Nach zweihundertjähriger friedlicher Römerherrschaft (100-300 n. Chr.) wurde Köln von rechtsrheinischen Germanenstämmen bedroht. In jener Zeit entstand auf der rechten Rheinseite das „Castellum divitia" (Deutz). Konstantin wird als Erbauer genannt. Ihm verdankt Köln den ersten festen Rheinübergang, eine Pfahljochbrücke, die nicht weit von der jetzigen Deutzer Brücke stand. Der Römerherrschaft folgten die dunklen Jahrhunderte der Völkerwanderung. Auch aus dieser Zeit wurden Gräber mit kostbaren Beigaben freigelegt, wie z.B. die Fürstenbestattungen in der Krypta unter dem Dom (um 550).

For over 500 years Cologne was part of the Roman Empire, and thus of the highly developed civilization of the Mediterranean region. "COLONIA CLAUDIA ARA AGRIPPINENSIS" was its Roman name. Caesar had reached the Rhine in about 50 BC. A few years later, Agrippa, son-in-law of the Emperor Augustus, founded "OPPIDUM UBIORUM", the settlement with the Germanic Ubii tribe. The massive Roman city wall of about 50 AD enclosed an area of about one square kilometre. As the largest Roman fort north of the Alps it gave protection to some 50,000 inhabitants and became the "everlasting ground plan" of the city that developed over the succeeding centuries. Temples adorned the city; Suetonius, the imperial Roman biographer, mentions a place of worship dedicated to Mars in which Caesar's sword was preserved as a precious relic. The showpiece with which Vitellius (69 AD) was anointed Emperor in the Praetorium. The temple of Mercurius Augustus, a raised temple in Gallo-Roman style, was situated close to the present Cathedral. For a long time those excavating the site of the Cathedral thought they had uncovered an early church, predecessor to the Cathedral. There were thermal baths near the present church of St. Cecilia. The beautiful mosaic of the philosophers was discovered there over a century ago. This may have been part of a lavishly decorated philosophy school. Like all Roman cities, Cologne had its Via Appia, its burial road. After 200 years of peaceful Roman rule (100-300 AD), Cologne was threatened by Germanic tribes on the east bank of the Rhine. Castellum divitia (Deutz) dates from this period. Constantin is considered responsible for its construction. It is to him that Cologne owed its first fixed Rhine crossing, a pile trestle bridge which stood not far from the present Deutz bridge. Roman rule was followed by the dark ages of the migration of the peoples. Burial places from this period have also been discovered with precious burial gifts, for example the royal tombs in the Cathedral crypt.

Cologne appartint durant plus de 500 ans à l'Empire romain, profitant ainsi de la haute civilisation qui régnait dans l'espace méditerranéen. À cette époque, la ville s'appelait »COLONIA CLAUDIA ARA AGRIPPINENSIS». Jules César était déjà venu sur le Rhin vers 50 avant Jésus-Christ. Quelques années plus tard, Agrippa, le gendre de l'empereur Auguste, fonda l'OPPIDUM UBIORUM» (colonie de la tribu germanique des Ubiens.) Vers 50 après J.-C., l'enceinte romaine entourait un km² d'habitations. La plus grande fortification romaine au nord des Alpes offrait un abri sûr à 50.000 habitants et devint le plan d'orientation de la ville dans les siècles suivants. La ville avait plusieurs temples. Sueton, biographe impérial romain, mentionne un lieu de culte où est vénéré Mars et qui renferme une relique précieuse: une épée de César avec laquelle Vitellius (69 après J.-C.) fut élevé à la dignité d'empereur dans le praetorium. Le temple gallo-romain de Mercure s'élevait près de la cathédrale et fut longtemps considéré comme un «prédécesseur» du Dom. Les thermes se trouvaient à proximité de l'église Sainte-Cécile. C'est au même endroit que fut découverte, au siècle dernier, la belle mosaïque des Philosophes qui appartenait sans doute à une riche école de philosophie Comme toutes les cités romaines, Colonia avait une «Via Appia», une voie extra-muros où l'on enterrait les morts. Après 250 années de domination romaine paisible, des tribus germaniques de la rive droite du Rhin, menacèrent la cité. c'est de cette époque que date le «Castellum divitia», de Deutz sur la rive droite, sans doute construit par Constantin. Cologne lui doit également le premier pont sur le Rhin, un pont sur pilotis qui franchissait le fleuve près de l'actuel pont de Deutz. Les siècles sombres des grandes invasions des barbares succédèrent à la domination romaine. On trouva des tombeaux de cette période, renfermant de précieux objets funéraires. L'un d'eux est la tombe d'un prince située dans la crypte de la cathédrale.

Noch heute ist im Kölner Stadtplan das Straßenraster der römischen „COLONIA" aufzuspüren, mit der Hohe- und Breitestraße, der Schilder- oder Sternengasse. Mittelpunkt war das Forum, das vielleicht unweit des Gürzenichs lag. Als Sitz von Verwaltung und militärischem Kommando galt das Prätorium, die Residenz des kaiserlichen Statthalters, das in Resten 1953 freigelegt und unter dem „Spanischen Bau" des Rathauses zum Teil konserviert wurde. Umfangreiche, fast luxuriös ausgestattete Wohnbezirke des römischen Köln sind von Archäologen am Dom entdeckt worden.

The road network of Roman Colonia can still be identified today, for example in the Hohe and Breite Strasse, as well as Schildergasse and Sternengasse. The forum was the focal point, probably located not far from the Gürzenich. Remains of the Praetorium, residence of the imperial governor and seat of the military command and the administration, were excavated in 1953, and partially preserved under the "Spanish" part of the City Hall. Extensive, almost luxurious residential areas of Roman Cologne have been discovered by archaeologists in the vicinity of the Cathedral.

Aujourd'hui encore, on peut reconnaître le réseau des rues de la Colonia romaine sur le plan de Cologne, par ex. les rues Hohestrasse et Breitestrasse, la Schildergasse et la Sternengasse. Le cœur de la cité était le Forum qui devait se trouver près du Gürzenich actuel. Le praetorium, résidence du proconsul, était le siège de l'administration et du commandement militaire. Des vestiges furent mis au jour en 1953; on peut encore en voir quelques-uns sous l'Ancien Hôtel de Ville. Les archéologues découvrirent plusieurs villas romaines luxueuses à proximité de la cathédrale.

Das Römisch-Germanische-Museum darf sich „Schaufenster" einer wichtigen Kölner Zeitspanne nennen. Seine Steindenkmäler, Mosaike, kostbaren Glasprodukte aus Kölner Manufakturen oder Dokumente der römischen Alltagswelt fügen sich zum faszinierenden Bild einer längst untergegangenen Epoche. Auf dem Mittelbogen des römischen Nordtores ist das CCAA zum Gütezeichen geworden. Beim Museumsneubau kam ein antikes Straßenstück in grob geschlagenen Basaltblöcken zum Vorschein, über das der Köln-Besucher flanieren darf (Bild unten rechts).

The Roman-Germanic Museum is the "showcase" of an important period in Cologne's history. Its stone monuments, mosaics, precious glass artefacts produced in Cologne and documents from everyday Roman life create a fascinating picture of an epoch long since past and yet still vibrantly alive. The CCAA on the central arch of the Roman North Gate has become a hallmark. During extension work, an ancient piece of road made of rough-hewn basalt blocks was unearthed, which visitors to Cologne can now stroll along.

Le «Römisch-Germanische-Museum» raconte une page importante de l'histoire de Cologne. Ses monuments en pierre, ses mosaïques, ses précieuses verreries fabriquées dans des manufactures de la cité, et d'autres témoins du quotidien des Romains révèlent l'image fascinante d'une époque révolue et pourtant encore très vivace. Le CCAA inscrit au centre de l'arc est devenu le label de qualité des produits colonais. Lors de la construction du musée, un tronçon de voie antique fut mis au jour. Aujourd'hui, tout le monde a le droit de flâner sur les gros pavés de basalte.

DIONYSOS-MOSAIK

Paradeexponate im Römisch-Germanischen-Museum sind das Dionysosmosaik und der Grabturm des Lucius Poblicius. Das Mosaik wurde 1942 entdeckt. Ein prachtvoller, mit reicher Szenerie geschmückter, über 70 qm großer Fußboden, aus Kalk, Terra sigillata oder winzigen, schillernden Glassteinchen komponiert. Um 225 n. Chr. datiert, zeigt es Bilder vom Dionysoskult: Im Mittelpunkt der Weingott selbst, sich trunken auf einen Satyr (Begleiter) stützend. Am Boden liegt der doppelhenklige Kantharos (Pokal).

Dionysos mosaic

The museum's pièce de résistance is the Dionysos mosaic, closely followed by Lucius Poblicius' burial tower. It was discovered in 1942, a magnificent floor of over 70 square metres, richly decorated and made out of limestone, terra siglittata or tiny, iridescent pieces of glass. Dating from about 225 AD, it depicts scenes from the cult of Dionysos: in the centre, the god of wine himself, leaning on a satyr and with his double-handled goblet lying on the ground.

Mosaïque de Dionysos

Les plus beaux chefs-d'œuvre que renferme le musée romano-germanique sont la mosaïque de Dionysos et la stèle funéraire de Lucius Poblicius. La mosaïque fut découverte en 1942. D'une superficie dépassant 70 m^2, richement décorée de scènes diverses, elle est composée de calcaire, de «terra sigillata» et de minuscules morceaux de verre étincelants. Elle fut réalisée vers 225 après J.-C. et montre des images du culte de Dionysos: au centre, Bacchus lui-même, ivre et s'appuyant sur un satyre; à ses pieds, on voit une coupe à deux anses renversée.

Das Philosophen-Mosaik ist datiert um 320 n. Chr., und war vielleicht der Steinteppich einer Philosophenschule am heutigen Neumarkt, wo auch die römischen Thermen vermutet werden. Die Thematik der Mosaikbilder ist eine Huldigung an die „Sieben Weisen" der alten Welt. Unter den Kostbarkeiten römischer Glaskunst seien nur zwei besonders prächtige auf der Seite 41 vorgestellt: Ein Schlangenfadenglas und der Diatretbecher.

The Philosophers' Mosaic, dating from c. 320 AD, may have been the floor in a philosophy school on the site of the present-day Neumarkt, where the thermal baths are also assumed to have been. The mosaic images represent a homage to the Seven Wise Men of the ancient world. On page 41 two particularly splendid examples of the Roman glass treasures are depicted: the snake glass and the vasa diatreta.

D'après les scènes qui la décorent, la mosaïque des Philosophes (vers 320 après J.-C.) constituait sans doute le pavement d'une école de philosophie qui se dressait au Neumarkt actuel. La thématique des images est un hommage aux «sept sages» de l'Antiquité. -Outre ses mosaïques, le musée abrite un grand nombre d'objets précieux dont de magnifiques verreries romaines. Deux des plus beaux exemplaires sont montrés page 41: un flacon en verre filigrané et un gobelet en verre diatrète.

Römisches Poblicius-Denkmal

Über vierzehn Meter hoch ist dieser Grabturm des Veteran Lucius Poblicius. Er kam unweit der Severinstorburg als Zufallsfund 1964 ans Tageslicht. Danach begann die mühevolle Wiederherstellung der „Tempelfront", der Figuren, des hohen Sockels und der Schriftzeilen. Heute steht das Denkmal im Römisch-Germanischen Museum. Nach fast 18 Jahrhunderten wurde den Gefallenen und Veteranen der napoleonischen Kriege auf dem Friedhof Melaten (1853) ein Denkmal errichtet. Es erinnert an das römische Poblicius-Soldatenehrenmal. Der in „französischer Zeit" (1794-1815) angelegte Zentralfriedhof Melaten ist auch Geschichtsdokument.

Roman Poblicius monument

The burial tower of Lucius Poblicius, a veteran soldier, is over 14 metres tall and was unearthed not far from the Severin Gate fort. The reconstruction began of the facade, figures, plinth and script. A monument commemorating veterans and those from Cologne who died in the Napoleonic Wars was erected some 1800 years after Lucius' time in the Melaten cemetery in 1853. It reminds us of the Roman soldiers' memorial. Melaten is Cologne's central cemetery, it dates back to Cologne's "French period" (1794-1815) and is a site full of historical interest, and thus much frequented.

Monument de Poblicius

La stèle funéraire du vétéran romain Lucius Poblicius mesure plus de 14 m de hauteur. Le monument qui se dresse aujourd'hui au musée romano-germanique, fut mis au jour près de la porte dite Severinstor et restauré en un long travail minutieux – Près de 1800 ans plus tard, un monument commémorant les soldats morts durant les guerres napoléoniennes fut érigé en 1853 au cimetière Melaten. Son architecture évoque le monument romain. Le cimetière Melaten, aménagé durant la «période française» (1794-1815) est un véritable document historique et est souvent visité en tant que tel.

Schlangenfadenglas

Funde aus der Römerzeit in Köln – im Römisch-Germanischen Museum

Diatretglas

△ Prätorium, eheml. römische Statthalterresidenz
Praetorium – former Roman governor's residence

▽ „Cloaca Maxima" – römischer Abwasserkanal
Cloaca Maxima – Roman sewer

▽ Römergrab eines Gutsbesitzers in Köln-Weiden
Tomb of a Roman estate owner's family

Im Grabungsbereich des 1953 entdeckten Prätoriums steht das Modell jener repräsentativen Statthalter-Residenz, die an der römischen Ostmauer errichtet wurde und heute zum Kölner Besuchsprogramm gehört. Zumal man von dort auch in den römischen Abwasserkanal, Kölns „Cloaca Maxima", gelangt. Im Westen (Weiden) wurde im vergangenen Jahrhundert die Grabkammer einer römischen Gutsfamilie entdeckt. Seit 1946 wird unter dem gotischen Dom nach den Vorgängerbauten geforscht. Ein erster Großbau war der sogenannte karolingische „Hildebolddom".

In the area where the Praetorium was excavated in 1953, there is a model of the impressive governor's residence built next to the eastern wall and a must for visitors to Cologne. It also, for example, gives access to the Roman sewer, Cologne's "Cloaca Maxima". In the last century the tomb of a Roman estate owner's family was unearthed in Weiden in the west of Cologne. Excavation work has been going on beneath the Cathedral since 1946 to unearth earlier buildings. The so-called "Hildebold Cathedral" from the Carolingian period was the first large building on the site.

Une visite de Cologne doit inclure le site des fouilles où fut découvert le praetorium. On peut y voir une maquette du luxueux palais du proconsul qui se dressait le long du mur oriental de l'enceinte romaine. De là, on rejoint le «Cloaca Maxima», qui faisait partie des égouts romains. La chambre funéraire d'un propriétaire terrien romain fut découverte au siècle dernier dans le faubourg de Weiden. Depuis 1946, des fouilles effectuées sous la cathédrale ont mis au jour des vestiges dont les plus anciens datent du début de l'ère chrétienne.

Zahlreiche Kölner Heiligengeschichten künden von Blutzeugen für den christlichen Glauben. Die legendäre britannische Königstochter Ursula und ihre Gefährtinnen inspirierten zahlreiche Maler. Ein Zyklus aus der Nachfolge Stefan Lochners, 1450 bis 1460 entstanden, zeigt die Legende in Bildern. Ihre Darstellung folgt der literarischen und mündlichen Überlieferung: Ursula wallfahrtet vor ihrer Hochzeit mit dem nicht christlichen Aetherius nach Rom. Aetherius findet dort zum Glauben und wird getauft.

There are numerous legends in Cologne about saints who gave their lifeblood for the sake of their Christian belief. The legendary Britannic king's daughter, Ursula, and her entourage inspired countless artists. A cycle by Stefan Lochner's successors, dating from 1450-60, depicts the legend in the Church of St. Ursula. The depiction follows literary and oral tradition: Ursula goes on a pilgrimage to Rome prior to her marriage to the non-Christian Aetherius. Aetherius converts there and is baptized. (The photo shows Ursula's arrival in Cologne.)

Cologne possède de nombreux saints dont les légendes racontent des sacrifices au nom de la foi chrétienne. La légende d'Ursule, fille de roi anglais, et de ses compagnes, a inspiré un grand nombre d'artistes. L'église Sainte-Ursule abrite un cycle de peintures, réalisées de 1450 à 1460, d'après les transmissions littéraires et orales de la légende: avant son mariage, Ursule partit en pèlerinage à Rome avec Ethérius qui n'était pas chrétien. Là, il trouva la foi et se fit baptiser. L'image montre l'arrivée d'Ursule à Cologne.

Attila und die Heilige Ursula

Auf der Rückreise stößt Ursula mit ihrer Schar in Köln auf die Hunnenhorde mit Attila, der die schöne Ursula zur Frau begehrt, was diese jedoch ablehnte. Ursula stirbt daraufhin mit ihren Begleiterinnen und Aetherius den Märtyrertod; so die Kurzfassung. Farbenfreudig wird das Geschehen geschildert. Den Malern gelingen dabei authentische Wiedergaben des damaligen Kölner Stadtprospektes. An den Märtyrertod der Heiligen Ursula mitsamt ihren Gefährtinnen erinnert das Kölner Stadtwappen (elf schwarze Hermelinschwänze oder „Flammen").

Attila and St. Ursula

On the return journey Ursula and her entourage meet Attila and his horde of Huns in Cologne. Attila immediately desires her and wants to marry her, but Ursula refuses. She dies a martyr's death along with her companions and Aetherius. The story unfurls in splendid colour. Included by the painters are authentic depictions of the city as it was at that period. The city's coat of arms with eleven black ermine tails recaptures the martyrdom of St. Ursula and her companions.

Attila et Ursule

Sur le chemin du retour, à Cologne, Ursule et sa suite se heurtèrent à Attila et sa horde de Huns. Le roi païen voulut prendre la belle Ursule pour femme, mais elle refusa et mourut en martyre avec Ethérius et les onze mille vierges qui l'accompagnaient. Cette histoire est décrite avec maints détails dans différents récits. Cela permit aux peintres qui illustrèrent la légende de rendre fidèlement la physionomie du Cologne médiéval. Les onze queues noires d'hermine du blason de Cologne évoque le martyre de sainte Ursule et de ses compagnes.

Frühe christliche Kölner Kirchen sind oft Märtyrer-Gedächtnisstätten auf römischen Gräberfeldern, so auch St. Ursula. Gesicherte Nachrichten über ein erstes Martyrium liefert die Clematius-Inschrift (um 400). Senator Clematius lässt ein kleines Gotteshaus zu Ehren von Märtyrerjungfrauen wieder aufbauen. Noch ist nicht die Rede von Ursula und ihren Gefährtinnen. Ebenso wenig werden die Hunnen erwähnt. Erst sehr viel später bringt man das Martyrium der Heiligen mit den dort gefundenen Gräbern in Verbindung.

Early Christian churches in Cologne are often memorials to martyrs on the site of Roman burial places. This is true of St. Ursula. The epitaph by Clematius (c. 400 AD) is the first mention of an early martyrdom. Clematius had a small place of worship rebuilt in remembrance of martyred maidens. As yet though there was no mention of Ursula and her companions, nor of the Huns. It is only much later that the martyrdom of St. Ursula was linked to the graves found on the site.

A l'instar de Sainte-Ursule, dont l'édification commença au 12e siècle, les premières églises de Cologne furent souvent des édifices consacrés à des martyrs, construits sur d'anciens tombeaux romains. L'inscription de Clematius (vers 400) est le premier document certifié, évoquant un martyre. Le sénateur Clematius fit d'abord construire une petite chapelle dédiée à des vierges martyres. A cette époque, l'histoire d'Ursule, de ses compagnes et des Huns n'existait pas encore. Ce n'est que plus tard qu'on associa le martyre d'Ursule et les tombes trouvées près de la chapelle.

Die eigentliche Legendenbildung setzt seit der Karolingerzeit ein und wächst schließlich zu der uns bekannten, vielfach variierten dramatischen Fassung. Gleichzeitig begann die Reliquienverehrung. Es gab Knochenfunde auf dem ehemals römischen Friedhof im Umkreis der Ursulakirche. Das Beinhaus der Kirche St. Ursula - als „Goldene Kammer" seit Jahrhunderten von frommen Pilgern besucht - ist ein Beispiel für die Intensität des Kölner Ursulakultes. Davon kündet ebenso die Baugeschichte der Basilika, vor allem während des 12. und 13. Jahrhunderts.

The creation of the legend began in Carolingian times, and developed into the dramatic core legend, with its many variations, that we are familiar with today. The veneration of relics began at the same period. Bones were found on the former Roman burial grounds in the area round the Church of St. Ursula. The church's charnel-house, visited by pilgrims down the centuries and known as the Golden Chamber, is an indication of the intensity of the cult, reinforced by the architectural history of the basilica, especially during the 12th and 13th centuries.

Une statue en bois de Sainte Ursule (16e s.) se dresse dans le croisillon gauche de la cathédrale. La légende de sainte Ursule date de l'époque carolingienne et se modifia au fil du temps pour devenir la version dramatique que nous connaissons aujourd'hui. La vénération de reliques commença avec la découverte d'ossements à proximité de l'emplacement de l' église actuelle. La «Chambre dorée» ossuaire de Sainte-Ursule, est un lieu de pèlerinage depuis des siècles et témoigne de la vénération des Colonais pour la patronne de la ville.

KÖLN IM MITTELALTER / Cologne in the Middle Ages / Cologne au Moyen-Âge

Mit dem Ende der Römerherrschaft bleibt als einziger, zukunftsweisender Ordnungsfaktor die Kirche. Die deutschen Könige und Kaiser sehen sich seit Karl dem Großen in der Nachfolge römischer Imperatoren. Unter solchen Prämissen gewinnt auch die alte Römerstadt Köln erneut wirtschaftliche und politische Bedeutung. Unter Erzbischof Hildebold steigt Köln zum Mittelpunkt einer Kirchenprovinz auf. Kölns geistliche Oberhirten werden zur Stärkung der Reichsgewalt auch Stadtherren und sind endlich maßgebende Reichs- und Kurfürsten, wobei Erzbischof Bruno eine Schlüsselfigur (✝965) war, gefolgt von so wichtigen Männern wie den Erzbischöfen Anno, Reinald von Dassel oder Konrad von Hochstaden. Kölns Erzbischöfe, im Besitz sowohl geistlicher als auch weltlicher Macht, bleiben meist unumschränkt Stadtherrscher bis 1288. Damals endete in der letzten großen Ritterschlacht des Mittelalters bei Worringen das erzbischöfliche Regiment. Aus Köln verwiesen, residierten die Erzbischöfe künftig auf Burgen und Schlössern der Nachbarschaft. Schloss Augustusburg in Brühl bei Köln ist bis heute ein Beispiel der aufwendigen Hofhaltung und Baulust.

Mit kaiserlicher Genehmigung errichteten die Kölner Bürger ab 1180 ihre fast unüberwindliche Stadtmauer mit Toren und Türmen, wovon noch einiges an den Ringstraßen erhalten ist. Gegen Ende des 19. Jahrhunderts wuchs Köln über die Beengung der Stadtmauer in rasantem Tempo zur Großstadt. Nach dem Sieg über den Erzbischof hatten zunächst Kölner Patrizier das Sagen, bis sie 1396 das Feld den Zünften überlassen mussten. Die veränderten Herrschaftsverhältnisse wurden mit einer quasi demokratischen Verfassung, dem „Verbundbrief" besiegelt. Ein steinernes Zeugnis der neuen politischen Ordnung ist der 1407-14 erbaute Rathausturm. Zeitweise war Köln die größte und reichste Stadt des „Heiligen Römischen Reiches Deutscher Nation".

The end of Roman rule meant that the only forward-looking guarantee of continuity in society was the church. The German kings and emperors that followed Charlemagne saw themselves as the successors of the Roman emperors. This resulted in growing economic and political importance for the former Roman city of Cologne. Under Archbishop Hildebold, Cologne became the centre of an ecclesiastical province. Cologne's spiritual leaders were made political leaders too, in order to reinforce imperial power, and eventually became authoritative and influential imperial princes and electors, Archbishop Bruno (✝ 965) being a key figure in this respect, followed by important figures such as the Archbishops Arno, Reinald von Dassel and Konrad von Hochstaden. The Archbishops of Cologne, wielding both spiritual and secular power, remained for the most part absolute rulers of the city till 1288. The archbishops' rule ended in the last great knights' battle of the Middle Ages. Exiled from the city, the archbishops resided from then on in castles and fortresses in the surrounding area. Augustusburg Castle near Cologne, in Brühl, is an example of their extravagent lifestyle.

After the granting of imperial permission, the populace of Cologne began in 1180 to erect the almost insuperable city walls with gates and towers, remains of which are still to be seen alongside some of the ring roads. It was not till the late 19th century that Cologne grew beyond these narrow confines and rapidly expanded to become a big city. Following victory over the archbishops, Cologne patricians were in charge of city affairs until 1396 when they had to give way to the guilds. The new distribution of power was sealed with a kind of democratic constitution, the so-called "Letter of Integration". The City Hall tower built between 1407 and 1414 is a monument to the new political order. At times Cologne was the largest and richest city in the Holy Roman Empire.

A la fin de la domination romaine, l'Église devint une ligne d'orientation majeure dans la société. Depuis Charlemagne, les souverains allemands se prenaient pour les successeurs des empereurs romains. Par conséquent, l'ancienne ville romaine de Cologne acquit une grande importance économique et politique. Cologne fut d'abord le centre d'un diocèse sous l'archevêque Hildebold. Les chefs spirituels de Cologne obtinrent ensuite les fonctions d'administrateurs de la ville par puissance impériale, avant d'être élevés à la dignité de princes-électeurs d'Empire. Bruno, mort en 965, et plus tard, Rainald von Dassel et Konrad von Hochstaden font partie des archevêques qui marquèrent profondément l'histoire de Cologne. Les hommes d'Église conservèrent leurs pouvoirs temporels et spirituels à Cologne jusqu'en 1288, date de la bataille de Worringen, la dernière grande bataille de chevaliers du moyen-âge. Chassés de Cologne, ils résidèrent désormais dans de magnifiques châteaux qu'ils firent édifier dans les environs de la ville. Augustusburg à Brühl témoigne jusqu'aujourd'hui de la vie fastueuse des princes de l'Église.

A partir de 1180, les bourgeois de Cologne entourèrent la ville libre impériale d'une imposante enceinte avec des tours et des portes dont quelques-unes existent encore. Après la victoire sur les archevêques, les patriciens prirent le contrôle de la ville qu'ils durent céder aux corporations en 1396. Cologne reçut alors une constitution quasi démocratique. Le beffroi (1407-1414) de l'Ancien Hôtel de Ville, témoigne du nouvel ordre politique. Á certaines époques, Cologne fut la ville la plus riche du Saint-Empire romain-germanique. Mais ce n'est qu'à la fin du 19e siècle qu'elle s'agrandit au-delà des murailles médiévales, pour se transformer en grande ville moderne.

Der Duisburger Kartograph Arnold Mercator zeichnete Köln aus der Vogelperspektive. Es fällt die dichte Bebauung der Römerstadt auf, während weite Flächen im Bereich der mittelalterlichen Mauer vor allem als Weingärten genutzt werden: Wein als Ersatz für die damals schlechte Trinkwasserqualität. Noch lehnt sich das Straßennetz weitgehend an das der römischen Landvermesser an.

The Duisburg cartographer Arnold Mercator made a bird's-eye-view plan of Cologne in 1570. Particularly noticeable is the building density of the Roman core, while extensive areas near the walls were cultivated as vineyards: wine as a substitute for the poor-quality drinking water. The road network corresponds very much to the layout of Roman times.

En 1570, Arnold Mercator, cartographe de Duisburg, dessina une perspective aérienne de Cologne. Les quartiers d'habitations serrés à l'intérieur de l'ancienne enceinte romaine contrastent avec les espaces verts devant le mur médiéval. Ces espaces étaient pour la plupart des jardins où l'on cultivait notamment de la vigne: le vin remplaçait l'eau de très mauvaise qualité à l'époque. Le réseau des rues est resté le même qu'à l'époque romaine.

Köln gehörte zum europaweiten Kaufmannsbund der Hanse und besaß in Antwerpen, London, Venedig oder in Nowgorod Kontore. Seine führende Position unter den Hansestädten wurde 1367 mit der „Kölner Föderation", dem Krieg gegen Dänemark, unterstrichen. Die Kölner Handelsflotte hatte direkten Zugang zum Meer und brachte aus aller Welt kulinarische Genüsse, vor allem seltene Gewürze, auf die Stadtmärkte und in die Stapelhäuser. Handelsartikel wurden hier ausgeladen und als Fertigprodukte, mit dem Gütesiegel der Stadt, in alle Himmelsrichtungen verfrachtet.

Cologne was a member of the Europe-wide merchants' organization, the Hanseatic League, and had offices in Antwerp, London, Venice or Novgorod. Its leading role in the League was highlighted in 1367 by the Cologne Federation, the war against Denmark. Cologne's fleet of ships had direct access to the sea and brought back culinary delicacies from all over the world, including spices that were kept in the city's warehouses and sold on the city's markets. Basic commodities and the raw materials needed by craftsmen were unloaded and then shipped all over the place.

Cologne était membre de la puissance ligue marchande de la Hanse et possédait des comptoirs à Anvers, Londres, Venise ou Novgorod. La rôle joué par la «Fédération colonaise» en 1367, lors de la guerre contre le Danemark, souligne le rang majeur qu'elle occupait parmi les villes hanséatiques. Grâce au Rhin, la flotte marchande colonaise avait directement accès à la mer et rapportait du monde entier de précieuses denrées qui étaient vendues sur les marchés et dans les halles. Les matières premières déchargées au port, repartaient comme produits manufacturés.

MUMMENSCHANZ
GRUNDIG RADIO
MELLER
Dresdner Bank
Dresdner Bank
McDonalds

Das Severinstor

Drei Stadttore sind nach dem Abbruchsfieber der achtziger Jahre des 19. Jh. übriggeblieben - Severins-, Hahnen- und Eigelsteintor. Noch immer zeigen sie den Verlauf der zwischen 1180 und 1230 errichteten Stadtmauer an. Von ihr blieben Reste am Hansa- und Sachsenring erhalten. Drei Türme am Sachsenring haben sich renommierte Kölner Karnevalsgesellschaften zum Hauptquartier erwählt und liebevoll ausgebaut. Der wieder hergestellte Bayenturm am südlichen Rheinufer avancierte zum „Frauen-Media-Turm". Er beherbergt ein feministisches Archiv mit Dokumentationszentrum.

Severinstor

Three city gates survived the demolition fever of the 1880s, Severinstor, Hahnentor and Eigelsteintor. Even today they show us where the old city walls of 1180-1230 went, parts of which are still preserved on the Hansaring and Sachsenring. Three of the towers on the Sachsenring have been taken over by well-known Carnival associations and lovingly converted into their headquarters. The Bayen Tower on the south bank of the river has been restored and made into the Women's Media Tower. It houses a collection of feminist writings and records.

Severinstor

Après les démolitions des années 1880, dues à l'agrandissement la ville, trois portes médiévales ont été conservées: les «Severinstor», «Hahnentor» et «Eigelsteintor» qui montrent encore le tracé de l'enceinte bâtie entre 1180 et 1230, dont il reste des vestiges aux Hansaring et Sachsenring. Trois tours sur le Sachsenring ont été admirablement restaurées par des sociétés de carnaval qui en ont fait leur siège. La tour«Bayenturm», au bord du Rhin, est devenue le «Frauen-Media-Turm» (Femmes et médias) et abrite un centre de documentation sur le mouvement féministe.

△ Ulrepforte / Ulre Gate
▽ Eigelstein-Torburg / Gate

Mittelalterliche Stadttore und Türme

△ Hahnentor / Hahnen Gate
▽ Bayenturm / Bayen Tower

Die Kölner Stadtsoldaten

Als Symbol einer behäbig vor sich hinträumenden Freien Reichsstadt gilt die im 17. Jh. vom Kölner Rat rekrutierte Söldnertruppe der „Roten Funken", benannt nach ihrem roten Waffenrock und weißen Hosen mit schwarzen Gamaschen. Das Aquarell zeigt sie bei ihrem lässigen Wach- und Zolldienst vor dem Severinstor. Wirklich kriegerisch hingegen geht es auf einem Steinrelief an der Ulrepforte zu, das in die Stadtmauer eingelassen ist. Es erinnert an das Jahr 1268, als hier durch Verrat der Erzbischof wieder die Herrschaft über die Stadt erobern wollte.

Cologne's city soldiers

The Red Sparks, a unit of mercenaries recruited by the city council in the 17th century and named after its uniform (red tunic, white trousers), has become the symbol of the rather phlegmatic, dreamy Imperial City that Cologne had become. This watercolour depicts them on casual guard and customs duty. The stone relief on the Ulre Gate, set in the city wall, is much more warlike. It commemorates the year 1269, when a plot was hatched to shore up and re-establish the archbishops' already threatened rule.

Les soldats de Cologne

La troupe de soldats recrutés par le conseil municipal de Cologne au 17e siècle, devint le symbole de la ville libre impériale où il faisait bon vivre. Les «Rote Funken» (soldats rouges) doivent leur nom à leurs uniformes rouges et blancs. L'aquarelle les montre en train de monter la garde à leur façon. Près de la tour-porte «Ulrepforte», le relief encastré dans un vestige de l'enceinte médiévale présente une scène bien plus guerrière. Il évoque l'année 1269 et plus précisément une page sanglante du conflit qui opposait déjà les Colonais et l'archevêché dont la puissance faiblissait.

P.F.

RATHAUS und Renaissancelaube

Wie der Dom das geistliche Kölner Zentrum ist, so gehört ins Rathaus die Politik. Der gotische Rathausturm (datiert 1414) mit Glockenspiel und Figurenschmuck, verkörpert Macht und Freiheit bürgerlicher Selbstverwaltung. Dem Hansesaal ist die Renaissancelaube vorgelagert (Bild unten).

City Hall and Renaissance arcade

Just as the Cathedral is Cologne's spiritual centre, the City Hall is its political one. The Gothic tower (Glockenspiel, decorative figures) has been part of the City Hall since 1414. It embodies the power and freedom of civilian self-government. The Renaissance arcade adjoins the Hanseatic Hall.

Hôtel de Ville et loggia Renaissance

Si le Dom est le centre religieux de Cologne, l'Hôtel de Ville est celui de la politique. Depuis 1414, le beffroi de style gothique, haut de 61 mètres, incarne le pouvoir et la liberté des citoyens. La construction magnifique, édifiée en 1569, précède la partie de l'hôtel de ville qui fut reconstruite après la seconde guerre mondiale.

Historisches Rathaus

Im benachbarten, auf gleicher Ebene liegenden Hansesaal manifestiert das Figurenensembel der „Neun guten Helden" (Südwand, um 1350) die christliche Heilsvollendung: über Antike (Alexander, Hektor, Cäsar), dem Judentum (Judas-Makkabäus, David, Josua) und den Repräsentanten der Christenwelt (Gottfried von Bouillon, Artus, Karl der Große). Im Obergeschoss des Rathausturmes liegt der Senatssaal, ehemals Tagungsort des Kölner Rates. Für ihn schuf Melchior von Reidt 1599 das reich intarsierte Ratsgestühl. Die Stuckdecke erinnert mit Imperatorenmedallions an die römische Stadtvergangenheit.

Historic City Hall

The upper storey of the City Hall tower houses the senate room, where the city council used to meet. Melchior von Reidt created the richly inlayed stalls in 1599. The stucco ceiling with its imperatorial medaillons recalls the city's Roman past. The adjacent Hanseatic Hall is richly decorated with the figures of the Nine Great Heroes (south wall, c. 1350), Alexander, Hector and Caesar from ancient times; the Jewish figures Judas-Maccabaeus, David and Joshua; and the representatives of salvation-bringing Christianity, Gottfried von Bouillon, Arthur, Charlemagne.

Ancien Hôtel de Ville

La salle du Sénat, où siège le conseil municipal, se trouve au premier étage du beffroi. Melchior von Reidt réalisa les magnifiques bancs en marqueterie en 1599. Les stucs du plafond entourent les médaillons d'empereurs qui rappellent le passé romain. Le mur sud de la salle de la Hanse voisine est décorée d'un ensemble de statues appelé les «Neuf bons héros» et réalisé vers 1350. Les personnages illustrent l'Antiquité (Alexandre, Hector, César), le judaïsme (Judas des Maccabées, David, Josué) et le christianisme (Godfrey de Bouillon, le roi Arthur, Charlemagne).

ROMANISCHE KIRCHEN

Köln ist weithin bekannt als die Stadt der „Romanischen Kirchen", von denen wir nachfolgend die bedeutendsten vorstellen. Hierbei handelt es sich um den sog. rheinischen Übergangsstil, im großen Jahrhundert der Kölner Kirchenbauten zwischen 1150 und 1250. Aufgipfelnde Türme mit „Zwerggalerie" und „Plattenfries" sind dabei neue Stilelemente. An die Stelle der Flachdecke tritt Wölbung und Kuppel. Mit der Grundsteinlegung zum gotischen Dom, am 15. August 1248, zieht endgültig die Gotik ein. Eine der schönen romanischen Kirchen in Köln, St. Kunibert, stellt das Foto auf dieser Seite vor. Seite 8 zeigt die Kirche von außen.

Cologne is well-known as the city of Romanesque churches. Strictly speaking, we are talking in art history terms about the Rhenish transition style. In the great century of church-building in Cologne that started in 1150 and continued till 1250. Towers with miniature galleries and slab moulding were two new stylistic elements. Vaulted arches and domes replaced the former flat ceilings. The rich decoration and intricate architecture merges into Gothic style. The foundation stone of Cologne's Gothic Cathedral dates from this period. The photo on this page shows one of Cologne's fine Romanesque churches, St. Kunibert. There is an external view on page 8.

Cologne est connue pour son chapelet d'églises romanes. Or, en histoire de l'art, ces églises sont plus précisément de style transitoire rhénan. Construites entre 1150 et 1250, elles montrent des éléments nouveaux tels que des tours pointues, des galeries, des voûtes d'ogives et des coupoles au lieu des surfaces plates romanes. La richesse des aménagements intérieurs et des lignes architecturales annonce le gothique. C'est à la fin de la période rhénane que fut posée la première pierre de la cathédrale, le 15 août 1248. – Cette page et la page 8 montrent l'église Saint-Kunibert, un des plus intéressants spécimens de style rhénan.

Der „Kunibätzpütz"-Brunnen

Höhepunkt der künstlerischen Ausstattung zu St. Kunibert ist die monumentale Verkündigungsgruppe im Chorbereich (um 1439). 1220 bis 1230 entstanden für den Chor leuchtende Fenster von kunsthistorisch hoher Qualität. St. Kunibert ist die letzte und reifste Schöpfung der zwölf noch existierenden romanischen Kölner Kirchen. 1247 wurde sie geweiht - ein Jahr vor der Grundsteinlegung des Domes. Unter dem Chorraum gibt es einen Brunnen, der, alter Überlieferung nach, Kindersegen bringen soll und als Kinderborn galt, im Kölner Sprachgebrauch "Kunibätspütz" genannt.

St. Kunibert and the Child's Fount

St. Kunibert's interior showpiece in artistic terms is the monumental group in the chancel area (c. 1439). The stained glass in the chancel, dating from 1220-1230, is of great historical interest and a very high quality. St. Kunibert is the last, most mature creation among the twelve remaining Romanesque churches in Cologne. It was consecrated in 1247 - one year before the foundation stone of the Gothic Cathedral was laid. Beneath the chancel there is a spring, which, according to tradition, guarantees those who visit it a large family and hence is called the Child's Fount.

St-Kunibert, Fontaine de la fertilité

L'admirable groupe de l'Annonciation, adossé à un pilier près du chœur, fut réalisé vers 1439. Les vitraux lumineux du chœur datent de 1220 à 1230. Saint-Kunibert est la dernière et la plus «parfaite» des douze églises romanes que renferme encore Cologne. Elle fut inaugurée en 1247, un an avant la pose de la première pierre de la cathédrale gothique. Sous le chœur, se trouve une fontaine, qui selon la légende, apporte la fertilité aux femmes. Elle est surnommée «Kunibätspütz» en dialecte colonais, ce qui signifie à peu près: «enfant né».

Ein unbekannter Meister schuf für St. Maria im Kapitol (geweiht 1065), einen Trikonchos, nach dem Urbild der Geburtskirche in Bethlehem. Das Westwerk wurde zur „Kaiserempore", nach dem Vorbild der Aachener Pfalzkapelle. Auch San Vitale in Ravenna mag hierfür Pate gestanden haben. Im Innern birgt die Kirche, erbaut über dem römischen Kapitoltempel, große Kostbarkeiten, wie die romanischen Holztüren (1065), die Trennwand zum Binnenchor (Lettner, um 1525) und das Pestkreuz (1304). Das Dreikönigenpförtchen (um 1430) war früher der Zugang zum Stiftsbezirk.

An unknown master craftsman created a clover-leaf-plan church for St. Mary in the Capitol (consecrated 1065), following the model of the Church of the Nativity in Bethlehem. The west end has an Emperor's Gallery, as in the imperial chapel in Aachen. It may also have been modelled on San Vitale in Ravenna. The interior of the church, built on the site of the Roman Capitol temple, houses great treasures. The Romanesque wooden doors (1065), the magnificent rood screen (c. 1525) and the Plague Cross (1304). The Epiphany Gate (c. 1430) was once the access to the convent.

Un maître inconnu réalisa le choeur triconque (en feuille de trèfle) - d'après le modèle de l'église de Béthléem - de Sainte-Marie-au-Capitole, consacrée en 1065. Le massif occidental ressemble à celui de l'église de Charlemagne à Aix-la-Chapelle qui à son tour est imitée de San Vitale à Ravenne. L'église, bâtie sur l'emplacement du temple romain du Capitole, renferme de nombreuses œuvres précieuses dont une magnifique porte romane (1065), un jubé Renaissance superbe (vers 1525) et un Christ bouleversant sur la Croix de la Peste (1304). La porte des Rois Mages date d'environ 1430.

APOSTELKIRCHE

Anstelle einer unscheinbaren Vorgängerkirche begann Erzbischof Pilgrim (1021-36) mit dem zum Teil heute noch existierenden Bau der romanischen Apostelkirche am Neumarkt. Der Westturm, von den Kölnern seiner ungewöhnlichen Mächtigkeit wegen „Apostelklotz" genannt, kam zur Mitte des 12. Jahrhunderts hinzu. Zwischen 1989 und 1993 wurde die Kirche mit modernen Fresken in den Chorgewölben ausgemalt. Sie haben die Johannesvisionen seiner „Apokalypse" zum Thema. Kostbare Apostelfiguren (um 1330) stehen im neugestalteten Altarraum.

Church of the Apostles

Archbishop Pilgrim (1021-36) began the Romanesque Church of the Apostles, parts of which are still there today on the Neumarkt, to replace a modest church previously on the site. The west tower, called the "Apostles' Block" by the local people on account of its unusual proportions, was added in the middle of the 12th century. When the church was rebuilt after World War II, the vaults in the chancel were decorated with modern frescoes showing St. John's vision of the Apocalypse. The re-designed sanctuary has some precious figures of the apostles (c. 1330).

Saints-Apôtres

L'archevêque Pilgrim fit ériger l'église des Saints-Apôtres (1021-36) sur l'emplacement d'un sanctuaire du 9e siècle. La massive tour occidentale, qui s'élève au fond du Neumarkt, la place centrale de Cologne, fut ajoutée au milieu du 12e siècle. Lors de sa restauration, après la seconde guerre mondiale, l'église romane fut dotée de fresques d'art contemporain représentant les visions d'apocalypse de Jean. Les statuettes des douze apôtres, qui décorent la chapelle moderne, furent réalisées vers 1330.

ST. GEREON

Der Märtyrer Gereon ist Namenspatron. Mit Gereon weigerten sich - so die Legende - 318 römische Soldaten vor dem römischen Kaiser ihren christlichen Glauben abzuschwören und erlitten den Märtyrertod. In der Spätantike wurde mit dem Bau der Kirche über einem römischen Gräberfeld begonnen. Während des 12. und 13. Jh. kamen zum ovalen Urbau Krypta und Hochchor dazu. Zwischen 1219 und 1227 wurde der älteste Teil als Dekagon (Zehneckbau) umgestaltet und mit einer mächtigen Kuppel geschlossen. St. Gereon ist nach dem Dom die größte Kölner Kirche.

St. Gereon

The marytr Gereon is the patron saint of the church. Gereon and 318 Roman soldiers refused to renounce their Christian faith before the Roman emperor and died a martyr's death. In the closing period of the ancient world, construction of the church began on the site of the Roman burial ground. A crypt and chancel were added to the original oval-shaped building during the 12th and 13th centuries. Between 1219 and 1227, the oldest part was redesigned as a decagon and completed with a vast dome. St. Gereon is the largest church in Cologne after the Cathedral.

Saint-Géréon

L'église porte le nom du martyr Géréon qui fut égorgé avec 318 soldats de sa légion pour avoir refusé de renier la foi chrétienne devant l'empereur romain. L'église initiale en forme de rotonde décagonale fut édifiée par l'impératrice Hélène, mère de Constantin, sur les lieux du martyre de Géréon. Aux 12e et 13e siècles, elle fut ensuite agrandie vers l'Est d'un chœur étiré et d'une crypte. Entre 1219 et 1227, on suréleva le décagone qui fut ensuite recouvert d'une coupole. Saint-Géréon est la plus grande église de Cologne, après la cathédrale.

Schnütgen-Museum

Das „Schnütgen-Museum" trägt den Namen des Sammlers und Mäzens Domkapitular Alexander Schnütgen und nimmt unter den Kölner Museen eine Sonderstellung ein. Seine Schätze der mittelalterlichen sakralen Kunst werden in einem Kirchenraum präsentiert und zwar in St. Cäcilien, errichtet vor allem in staufischer Zeit zwischen 1130 und 1160 mit sehr frühen gotischen Wandmalereien. Das Bogenfeld über dem Portal (um 1160) zeigt eine Darstellung der Kirchenpatronin, flankiert von Valerian und Tiburtius; frühe Versuche auch die Außenfassade der Kirche figürlich zu schmücken.

Schnütgen Museum

The Schnütgen Museum is named after the collector and patron of the arts, Canon Alexander Schnütgen, and has a special place among the museums of Cologne. Its precious medieval sacred works of art are exhibited in a church, St. Cecilia, largely built in the Hohenstaufen period between 1130 and 1160. The typanum above the entrance (c. 1160) depicts the church's patron, flanked by Valerian and Tiburtius; there were also early attempts to decorate the church's exterior with figures. The interior has a quite unique atmosphere.

Musée Schnütgen

Le musée est nommé d'après Alexandre Schnütgen, collectionneur, mécène et chanoine du Dom. Il a une place particulière parmi les musées de Cologne: ses trésors d'art médiéval, notamment des instruments de culte, sont exposés dans l'église Sainte-Cécile qui ne sert plus au culte que lors de la fête de sa patronne et le jour de Noël. L'église fut érigée de 1130 à 1160, durant le règne des Staufer. Le tympan du portail représente Sainte Cécile, flanquée de Valerian et Tibutius. Ces motifs sont une des premières tentatives de décoration de façades d'églises de cette époque.

ST. PANTALEON

Auf dem Pantaleonshügel entdeckten die Archäologen eine römische „Villa suburbana", deren Bodenheizung in der Krypta konserviert wurde. Wann es den ersten christlichen Kultbau gab, bleibt ungewiss. Erzbischof Bruno gründete die Benediktinerabtei und begann mit dem Bau der Saalkirche, die um das Jahr 1000 n. Chr. durch das Westwerk erweitert wurde. Kaiserin Theophanu war die Stifterin. Dreischiffig vergrößert, mit Querhaus und Chor im Osten, besitzt St. Pantaleon als Chortrennwand einen feingegliederten, spätgotischen Lettner. Bruno und Theopanus liegen in St. Pantaleon begraben.

St. Pantaleon

On the site of the church, archaeologists discovered a Roman "villa suburbana", whose floor heating has been preserved in the crypt. When the first Christian sacred building was erected is unclear. Archbishop Bruno founded the Benedictine abbey and began the one-aisled church, extended at the west end in about 100 AD. Empress Theopanu was the patron. Extended into a three-aisled building, with a transept and chancel at the eastern end, St. Pantaleon has an intricately structured late-Gothic rood screen.

Saint-Pantaléon

Lors de fouilles dans le quartier, des archéologues découvrirent une «Villa suburbana» romaine dont le chauffage au sol est conservé dans la crypte de l'église Saint-Pantaléon. On ignore la date de fondation du premier édifice chrétien. Vers 950, l'archevêque Bruno érigea une abbaye bénédictine et, grâce aux dons de l'impératrice Théophanou, commença la construction d'une église qui fut agrandie du massif occidental vers l'an mille. Saint-Pantaléon possède une nef majestueuse, large de 12,80 m, un transept et un chœur bâtis vers l'Est, et un admirable jubé de style gothique tardif.

SCS SEVERINVS
ARCHIEPISCOP'

St. Severin ist den Kölnern als „Dom des Südens" vertraut. Unter ihm sind antike Gräber (Nekropole) und Reste einer frühchristlichen Kirche aus dem 4. Jh. freigelegt. Darüber steht die heutige Kirche. Sie wurde in mehreren Bauperioden mit dem Westturm 1411 vollendet. Bemerkenswert ist der Marmorfußboden im Hochchor (12. Jh.) sowie das dort erhaltene Chorgestühl der Stiftsherren (1260). Um den Heiligen Severin rankt sich ein Legendenzyklus mit vielen Tafelbildern. Vom ursprünglichen Schrein blieb eine Zellenschmelzscheibe aus dem 11. Jh. erhalten (Abbildung links unten).

St. Severin is known to the local people as the Cathedral of the south. An ancient necropolis (burial ground) and remains of an early Christian 4th century church have been unearthed. The church of St. Severin as we know it today was built in various stages and completed in 1411 with the construction of the west tower. The marble floor in the chancel is of especial note (12th century), as are the choir stalls of the founders (1260). The lifestory of St. Severin is clouded in legend. An 11th century cloisonné remnant from the original shrine has been preserved (bottom left).

Une nécropole romaine, paléochrétienne et franque ainsi que les vestiges d'une chapelle funéraire du 4e siècle furent découverts sous l'église Saint-Séverin, construite des 11e au 13e siècles et achevée avec l'édification de la tour occidentale en 1411. Le pavement en marbre (12e s.) et les stalles sculptées (1260) du chœur sont remarquables. Les tableaux illustrant des scènes de la vie de saint Séverin datent d'environ 1500. Le disque en or et en émail, représentant l'évêque Séverin, provient de la première châsse du saint et date du 11e siècle (photo en bas, à gauche).

KARSTADT

St. Heribert, Köln-Deutz

Das Bild zeigt Alt-St.-Heribert im Vordergrund mit Groß-St.Martin auf der linksrheinischen Seite. Erzbischof Heribert gründete im Jahre 1002 die Deutzer Benediktinerabtei (Bild links mit Blick zu Gr.-St.-Martin), deren Gotteshaus ein Zentralbau nach dem Vorbild von St. Gereon und der Aachener Pfalzkapelle wurde. Deutz galt für Köln als „feindliches Ausland", weil es sich im Besitz des Erzbischofes befand. Immer wieder kam es zu kriegerischen Auseinandersetzungen, wobei die Abtei mehrfach zerstört wurde. 1659 -1663 baute man unter Aufgabe der ottonischen Architektur die Kirche neu. Der bedeutende Heribertschrein ist in der nahe gelegenen Kirche Neu-St.-Heribert über dem Hochaltar platziert (rechtes Bild).

Archbishop Herbert founded the Benedictine Abbey in Deutz in the year 1002, the central church building following the design of St. Gereon and the imperial chapel in Aachen. For centuries Deutz remained under the rule of the archbishops. Cologne, strongly fortified, saw its freedom under threat time and again. Again and again there was armed conflict between the city and the archbishop's forces, in the process of which the abbey was destroyed several times. The present church was built between 1659 and 1663, the Ottonian style being abandoned. The 12th century shrine of St. Herbert today is housed in the nearby New St. Herbert Church above the altar (photo on the right).

En 1002, l'archevêque Héribert fonda à Deutz un couvent de Bénédictins dont l'abbatiale fut construite d'après les modèles de Saint-Géréon à Cologne et de la rotonde de la cathédrale d'Aix-la-Chapelle. Deutz, situé juste en face de Cologne, sur la rive droite du Rhin, resta un fief de l'archevêché durant des siècles. L'abbatiale fut plusieurs fois détruite au cours de conflits armés entre la ville libre de Cologne et les archevêques. L'église actuelle fut construite entre 1659 et 1663. La châsse de saint Héribert (1170 env.) se trouve aujourd'hui dans la nouvelle église Saint-Héribert, édifiée près de l'ancienne au 19e siècle (photo à droite).

70/71

Reinald von Dassel

DER KÖLNER DOM - Wahrzeichen der Stadt / Cologne Cathedral / La cathèdrale de Cologne

Der gotische Dom wurde zum steinernen Schrein der „Heiligen Drei Könige". Reinald von Dassel brachte den Reliquienschatz nach dem Sieg Kaiser Barbarossas über die lombardischen Städte - darunter Mailand - als kostbare Kriegsbeute am 23. Juli 1164 in seine Bischofsstadt Köln. Um 1180 entstand der Dreikönigenschrein des Nikolaus von Verdun. Auf den Längsseiten sieht der Betrachter Propheten und Apostelfiguren. Die Stirnseite besteht aus purem Gold, gestiftet von Kaiser Otto IV. Im Dreiecksfeld der Schrein-Rückseite ist Reinald von Dassel dargestellt, auch Szenen der Passion Christi, sowie die Märtyrersoldaten Felix und Nabor. Gemmen oder Kameen, Edelsteine, feine Emaillearbeiten überziehen das herrliche Gehäuse mit schimmernden Glanz und machen es zur kostbarsten Goldschmiedearbeit des hohen Mittelalters. Mit den „Heiligen Drei Königen" wird vorrangig die „Suche nach Christus" symbolisiert. Von diesem Gedanken beseelt, kommen seit Jahrhunderten bis heute unzählige Wallfahrer aus allen Erdteilen nach Köln. Erzbischof Konrad von Hochstaden legte am 15. August 1248 den Grundstein des Gotischen Doms, der 1998 „Weltkulturerbe" wurde. – Das Bild rechts zeigt einen Ausschnitt des Dreikönigenschreins mit den „Heiligen Drei Königen", der Gottesmutter und dem Jesuskind.

The Gothic Cathderal is the stone shrine of the Three Wise Men. Reinald von Dassel brought their relics to Cologne on 23rd July 1164 as precious spoils of war following Emperor Barbarossa's victory over the Lombard cities, including Milan. Nicolas of Verdun's Shrine of the Three Wise Men dates from about 1180. The long sides are decorated with figures of the Prophets and Apostles. The front end is pure gold, donated by Emperor Otto IV. The triangular section on the back of the shrine carries an image of Reinald von Dassel, and also scenes from Christ's Passion, and the martyred soldiers Felix and Nabor. The magnificent shell is covered with lustrous, shining cameos, gems and beautiful enamelwork, perhaps the finest and most exquisite example of goldsmith's art in the high Middle Ages. The Three Wise Men symbolize the search for Christ. Inspired by this thought, countless pilgrims have made their way to Cologne down the ages from all over the world. Archbishop Konrad von Hochstaden laid the Gothic Cathedral's foundation stone on 15th August 1248; in 1998 it was declared a world cultural heritage site. – The photo on the right shows part of the Shrine of the Three Wise Men, with the Three Wise Men, the Mother of God and the baby Jesus.

Le 23 juillet 1164, l'archevêque Reinald von Dassel rapporta à Cologne les reliques des trois Rois Mages, prises comme butin de guerre, après la victoire de l'empereur Barberousse sur les villes lombardes, dont Milan. Depuis cette époque,ces reliques, enfermées dans une châsse somptueuse, réalisée vers 1180 par Nicolas de Verdun, constituent le trésor le plus précieux du Dom. Des prophètes et des apôtres décorent ses faces longitudinales; les parties frontales, en or massif, sont une donation de l'empereur Othon IV. Reinald von Dassel, des scènes de la Passion du Christ et du martyre des soldats Félix et Nabor sont représentes sur la face arrière. Le reliquaire étincelant de camées, d'émaux et de pierres précieuses, est une des œuvres d'orfèvrerie majeures du haut moyen-âge. Depuis des siècles, des millions de pèlerins, du monde entier, sont venus se recueillir devant les reliques des Rois Mages qui symbolisent la «recherche de Dieu» Le 15 août 1248, l'archevêque Konrad von Hochstaden posa la première pierre du Dom de Cologne qui devenait patrimoine culturel mondial en 1998. – La photo de droite montre un détail de la châsse représentant les Rois Mages, la Vierge et l'enfant.

An gleicher Stelle wie der heutige Dom stand die karolingische Vorgänger-Kirche (geweiht 870), die 1248 teilweise niederbrannte. Der Dreikönigenschrein und das Gerokruzifix waren damals gefährdet. Beide Kunstwerke von europäischem Rang konnten 1322 in den vollendeten Chor des gotischen Doms gebracht werden. Danach wurden nur noch Teile des Langhauses begonnen und provisorisch gedeckt, die Fundamente zum Nordturm gelegt, der Südturm bis zur Glockenstube hochgezogen. Vor dem Ostchor sieht man im Modell die 1816 niedergelegte Kirche St. Maria ad Gradus.

The site of the present Cathedral was formerly occupied by the Carolingian Hildebold Cathedral, consecrated in 870. It was partially destroyed by fire in 1248. The Shrine of the Three Wise Men and the Gero Crucifix were under threat. In 1322 these two European works of art were rehoused in the completed chancel. But soon afterwards, building work dwindled to a standstill, though in fact parts of the nave and side aisles were started and temporarily roofed, the foundations were laid for the North Tower, and the South Tower was erected as far as the belfry.

Le Dom s'élève sur l'emplacement d'une cathédrale carolingienne, édifiée sous l'archevêque Hildebold, consacrée en 870 et partiellement incendiée en 1248. Néanmoins, en 1322, ses deux trésors, la châsse des Rois Mages et le crucifix de Géro, reprenaient leur place dans le chœur reconstruit. Mais les travaux se poursuivirent très lentement. Une partie de la nef fut reconstruire et couverte provisoirement. Les fondations de la tour nord furent également posées et la tour sud élevée jusqu'au clocher. Devant le chœur est, se trouve une maquette de l'église Marie ad Gradus qui n'existe plus.

◁ **KÖLNER DOM, Vorderansicht**

Endgültig wurden die Arbeiten am Dom 1560 eingestellt. Die Geldquellen sind erschöpft. Auch war die mittelalterliche gotische Baukunst nicht mehr gefragt. Der Zeitgeist suchte die Antike in der Kunst sowie im Lebensgefühl. Diese geistige Umkehr wurde „Renaissance" genannt. Eine Rückbesinnung auf Gewesenes brachte erst wieder die Romantik zu Beginn des 19. Jahrhunderts. Noch immer war der Kölner Dom ein Torso. Erst am 4. September 1842 legte Friedrich Wilhelm IV. von Preußen den Grundstein zum Weiterbau. Im Oktober 1880 konnte die Vollendung des Gotischen Doms weltweit gefeiert werden.

◁ **Cologne Cathedral, Front view**

Building work ceased completely in 1560. Funds had run out. Also, medieval Gothic architecture was no longer in demand. The spirit of the age wanted a return to the ancients, in art and in consciousness. "Renaissance" was the name given to this about-face. It wasn't until the age of Romanticism at the beginning of the 19th century that thoughts again turned to what had been achieved so far. The Cathedral was still a torso. Not till 4th September 1842, when Emperor Frederick William IV of Prussia laid a new foundation stone, did building work resume. In 1880 the completion of the Gothic Cathedral was celebrated all over the world.

◁ **Dom, façade occidentale**

La construction de la cathédrale fut finalement interrompue en 1560. Outre la pénurie d'argent, le style gothique n'était plus en vogue. La Renaissance guidait désormais l'esprit de l'époque, y compris l'architecture. Au début du 19e siècle, le romantisme fit resurgir des valeurs anciennes, également dans les arts. Le 4 septembre 1842, Frédéric-Guillaume IV de Prusse posait la première pierre symbolisant la reprise de l'édification de la cathédrale gothique qui fut définitivement achevée en octobre 1880.

△ Dom-Südseite
South side of the Cathedral

▽ Figuren am Dom-Hauptportal
Figues on the Cathedral main entrance

△ Die Petersglocke im Dom
Peter's Bell in the Cathedral

▽ Dom-Türme, Blick vom Dachreiter
Cathedral towers, view from the ridge turret

DOM, Blick durch das Langhaus

Zu den ältesten Glasgemälden zählt das berühmte „Bibelfenster" im Chorumgang. Besonders sehenswert ist der Fensterzyklus, den König Ludwig I. von Bayern 1848 dem Dom schenkte (im südl. Seitenschiff). Weniger bekannt, doch von größerem kunsthistorischem Gewicht, sind die Glasgemälde im nördlichen Seitenschiff mit den antiken Stadtheroen Marcus Vipsanius Agrippa und Marsilius (um1508). Der eindruckvollste Blick durch das Dominnere bietet sich beim Eintritt durch das Hauptportal (Westseite).

CATHEDRAL, view down the nave

The "Bible window" in the ambulatory is one of the oldest stained glass paintings. Of particular note also, are the windows donated to the Cathedral by King Ludwig of Bavaria in 1848. Less well-known, but more important in art history terms, is the glasswork in the north side aisle with the ancient local heroes Marcus Vipsanius Agrippa and Marsilius (c. 1508). The best view of the interior is to be had from the west (main entrance). The so-called Rubens carpets in the nave are also very impressive, with their depiction of the Triumph of the Eucharist. At Corpus Christi they are hung across the arcades.

Dom, vue de la nef

Le célèbre «vitrail de la Bible» dans la galerie du chœur date d'environ 1290. Les vitraux des bas-côtés droits (sud) furent offerts en 1848, par le roi Louis II de Bavière et ceux des bas-côtés (nord), exécutés vers 1508, représentent Marcus Vipsanius Agrippa et Marsilius, héros du Cologne romain. La plus belle vue de l'intérieur de la cathédrale s'offre depuis le portail principal, sur le côté occidental.

Stephan Lochners „Dombild" mit Anbetung der Heiligen Drei Könige sowie den Kölner Stadtheiligen Ursula und Gereon war eigentlich nicht für den Dom geschaffen. Lochner († 1451) malte es im Auftrag des Kölner Rates für die Ratskapelle, wo es auch Albrecht Dürer 1520 auf seiner niederländischen Reise kennen lernte. Lochner kam aus der süddeutschen Kunstlandschaft. Er wanderte nach Köln und wohnte im Pfarrbezirk von St. Alban. Sein aufwendiges Domizil mit Werkstatt und Wohntrakt lag nahe der Schildergasse, der Gewerbestraße der „Schildermaler", die hier ihre Ateliers hatten.

Stephan Lochner's "Cathedral Painting" showing the Adoration of the Three Wise Men and the city's patron saints, Ursula and Gereon, was not in fact originally intended for the Cathedral. Lochner († 1451) was commissioned by the city council who wanted the painting for their chapel, which is where Albrecht Dürer saw it in 1520 on his journey to Holland. Lochner came from the artistic world of southern Germany. He eventually found his way to Cologne and lived in the parish of St. Alban. The extensive building he chose to settle in housed both his atelier and residential accommodation.

Le «Dombild» (tableau de la cathédrale) représente les principaux patrons de Cologne: les Rois Mages, sainte Ursule et saint Géréon. Il fut créé par Stephan Lochner vers 1440 pour la chapelle de l'hôtel de ville où Albrecht Dürer l'admira en 1520. Le plus fameux triptyque de l'école de Cologne (14 au 16e s.) n'est dans la cathédrale que depuis 1809. Lochner était originaire du sud de l'Allemagne. Il vint s'installer à Cologne, dans la paroisse de Saint-Alban qui est aujourd'hui la zone piétonnière de la ville. Son domicile se trouvait près de la Schildergasse.

Der Agilolphus-Altar im Dom

Der Dom-Hauptaltar steht heute als modernes Kunstwerk in der Vierung. Immer noch existiert der mittelalterliche Hochaltar (1322) mit reichem Figurenschmuck im Dom-Binnenchor vor dem Dreikönigenschrein. Als Nebenaltäre des Doms sind der Agilolphus- und Clarenaltar hervorzuheben. Der Agilolphus-Altar von 1550 zeigt in feiner Holzschnitzarbeit Bilder aus der Lebensgeschichte des Heilands, und steht im südlichen Querhaus. Die bemalten Altarflügel des Clarenaltars stammen aus unterschiedlichen Schaffensperioden der Kölner Malerschule (1350-1500) im nördlichen Seitenschiff.

Cathedral, Agilolphus Altar

The Cathedral's main altar today is a modern work of art in the crossing. The richly decorated medieval high altar of 1322 is in the inner chancel in front of the Shrine of the Three Wise Men. Two side altars of note are the Agilolphus altar and the Clara altar. The former, located in the southern transept, dates from 1550 and its delicate wood carvings depict scenes from the life of Christ. The paintings on the wings of the Clara altar date from various periods of the Cologne school.

Dom, autel de Saint Agilolphe

Le maître-autel, œuvre d'art moderne, se dresse dans la croisée du transept, à la place de l'ancien autel en marbre noir (vers 1322) qui existe toujours. Deux des autels auxiliaires de la cathédrale sont particulièrement remarquables: l'autel de Saint Agilolphe, réalisé à Anvers en 1550, et l'autel de Claren. L'autel de Saint-Agilolphe qui se dresse dans la croisée sud, est surmonté d'un admirable retable richement sculpté, représentant des scènes de la vie de Jésus. Les panneaux peints de l'autel de Claren proviennent de diverses périodes de l'école de Cologne (1350-1500)

Kunstschätze im Dom

Der Heilige Christophorus, Schutzpatron der Reisenden, steht an einem Pfeiler im südlichen Querhaus. Um 1600 schuf Meister Tilman diese stämmige Figur. Von Erzbischof Gero in Auftrag gegeben, gehört das Gero-Kruzifix zu einer der ersten monumentalen Darstellungen des Gekreuzigten der abendländischen Kunst. Die Mailänder Madonna (um 1280) verkörpert in hoheitsvoller, eleganter Linienführung und Körperhaltung den Idealtyp der Dame des Mittelalters. Die Marienverehrung bewegte fromme Wallfahrer zu Dankesgaben an die „Schmuckmadonna" mit dem Jesuskind.

Cathedral, Art treasures

Saint Christopher, the patron saint of travellers, stands on a pillar in the southern transept. The sturdy figure was created by Master Tilman around 1600. The Gero Crucifix, commissioned by Archbishop Gero, is one of the earliest monumental portrayals of the crucifixion of Christ in western art. The Milanese Madonna (c. 1280) with her majestic poise and elegant stance embodies the medieval ideal of a lady (photo bottom left). The Adoration of the Virgin Mary prompted pious pilgrims to leave gifts as expressions of thanks to the Mother of God in front of the baroque mausoleum of the Three Wise Men in the north transept.

Trésors du Dom

La statue de saint Christophe, accolée à un pilier de la croisée sud, fut réalisée vers 1600 par maître Tillman. Dans la chapelle de la Sainte-Croix, le Crucifix de l'archevêque Géro (10e s) est une des premières œuvres monumentales de l'art occidental. La Madone de Milan (vers 1280) empreinte de dignité et d'élégance, incarne l'idéal de beauté féminine du moyen-âge (photo en bas à gauche). La statue de la Vierge très vénérée se dresse devant le mausolée baroque des rois Mages, dans la croisée nord. Son manteau est richement orné de bijoux offerts par les pèlerins, au cours des siècles (photo en bas à droite).

△ Der Hl. Christopherus / St. Christopher / Saint-Christophe

Gero-Kruzifix / Gero Crucifix / Croix de Géro △

▽ Mailänder Madonna / Milanese Madonna / Madone de Milan

„Schmuckmadonna" mit dem Jesuskind / Decorative Madonna ▽

IHS

Barock-Kirche St. Maria Himmelfahrt

Kölner Weihnachtsmärkte

St. Maria Himmelfahrt in der Marzellenstraße entfaltet barocke Pracht als Symbol der Gegenreformation (Triumph des Glaubens), seit 1552 von den Kölner Jesuiten getragen. Der Barockbau wurde von Christoph Wamser meisterhaft in Szene gesetzt. – Die Kölner Weihnachtsmärkte beherrschen fünf Wochen das Kölner Stadtbild und sind eine Attraktion für zahlreiche Besucher, auch aus dem Ausland. Kölner und Auswärtige kommen zum stimmungsvollen Einkauf vor der illuminierten Domkulisse. Der größte der vier Kölner Weihnachtsmärkte findet auf dem Neumarkt statt.

The Ascension of the Virgin Mary overflows with baroque splendour. Christoph Wamser and his sculptors were dedicated to the spirit of the Counter-Reformation. – Cologne's Christmas markets dominate the scene for five weeks before Christmas. They are a great attraction and draw visitors from Holland, Belgium and England. Tourists and local people alike enjoy the atmosphere all around the illuminated Cathedral building. Most Christmas shopping is done at the Christmas market on the Neumarkt, close as it is to the main shopping area.

Notre-Dame-de-l'Assomption, l'église baroque de Cologne, fut érigée en 1618 par Christoph Wamser. Elle est l'ancienne église du collège des Jésuites qui, dès 1552, initièrent la Contre-Réforme au sein de l'Église catholique. – Durant cinq semaines, les marchés de Noël colorent la physionomie de Cologne. En décembre, la ville accueille une foule de visiteurs qui viennent goûter l'atmosphère unique des quatre marchés de Noël de Cologne. Au Neumarkt, une multitude de stands offrent tous les produits attachés à la fête de Noël.

△ Karnevalsveranstaltung im großen Gürzenich-Saal / Carnival festivity

▽ Rosenmontagszug und Straßenkarneval / Carnival parade with street partying ▽

KARNEVAL IN KÖLN / Carnival in Cologne / Carnaval de Cologne

Die Wurzeln der Fastnacht oder des Karnevals, auch „Fastelovend" genannt, liegen weit zurück; bei antiken Frühjahrsriten und der Austreibung des Winters. Das römische Köln kannte solche Feste mit dem Narrenschiff, begleitet von Maskierten, umhertollenden „Jecken", fröhlich Pritsche und Lärminstrument schwingend. Vom „Dionysischen Fest" ist noch lange im mittelalterlichen Köln die Rede, wenn gleich die Winteraustreibung der Dämonen längst nicht mehr galt und römische Frühlingsriten der Vergangenheit angehörten. Denn das Fest war seit dem 10. Jahrhundert in die Liturgie des Kirchenjahres eingebunden. Es wurde zum „Fastelovend", dem Tag und der Nacht vor dem 40-tägigen Fasten. Noch einmal schlug man tüchtig „op de Trumm" (dicke Trommel). Opulente Schmausereien waren an der Tagesordnung. Lustige Narrenzüge, von den Zünften veranstaltet, tollten durch die Stadt. Das „Oben" und „Unten" in der damals strengen Gesellschaftsordnung galt im Karneval nicht mehr. Franzosen und Preußen war das alte Heimatfest nicht geheuer und beinahe wäre es total untergegangen, doch in romantischer Rückbesinnung gab es einen Neuanfang.

1823 gründeten geachtete Bürger mit preußischer Hilfe das „Festordnende Komitee". Es existiert heute noch als „Festkomitee Kölner Karneval". Ordnung und Organisation kamen jetzt in das närrische Treiben. Am 10. Februar 1823 wurde dies mit dem ersten Rosenmontagszug gekrönt, der auch Goethe gefiel und bald Nachahmer in ganz Deutschland fand. Auf den Narrenthron hob man „Held Karneval", die inkarnierte Sehnsucht nach der einstigen Kaiserherrlichkeit. Erst 1872 wurde daraus ein „Prinz". Ihm zur Seite stand der „Kölsche Boor", Symbol Kölnischer Wehrhaftigkeit und Reichstreue sowie die „Jungfrau", als „Mutter Colonia", öfters mit Agrippina identifiziert. Es wurde ein „Dreigestirn" aus der Taufe gehoben, noch heute jährlich aus einer der vielen Karnevalsgesellschaften gekürt. Hierbei wird die Jungfrau, in Anlehnung an die früher dominierende karnevalistische Männergesellschaft, von einem männlichen Akteur dargestellt. Das älteste karnevalistische Korps sind die „Roten Funken" von 1823, in den Uniformen der reichsstädtischen Söldner. Irgendwie haben alle nachfolgenden Uniformierten an ihnen Maß genommen. Ein Element des Kölner Karnevals ist der Wunsch, einmal in eine andere Haut zu schlüpfen, sich zu maskieren, ein Kostüm oder einen bunten Uniformrock zu tragen.

Cologne's Shrovetide festivities are usually called Carnival or the Fifth Season. Its roots go back a long way to ancient spring rites and the driving out of winter. Festivals of that kind were familiar to the people of Roman Cologne: floats accompanied by masked figures and frolicking clowns cheerfully swinging their slapsticks to and fro and making a din with their instrument. Medieval Cologne was still familiar with the Festival of Dionysius, though it no longer had anything to do with driving out winter or Roman springtime rites. The festival had been integrated into the church calendar since the 10th century, and become the "Fastelovend", the day and night before the 40-day period of fasting. People took their last chance to "bash the drum" and let their hair down, and sumptuous feasting was the order of the day. Troops of clowns, organized by the guilds, paraded through the city. The strict social divisions that characterized the society of the day were abandoned in the Carnival season. Violence and murder took place too. Riots broke out, whereupon the council cracked down and issued bans.

The French and Prussians were suspicious of this ancient local festival, and it would have disappeared completely if the nostalgia of the Romantic age hadn't breathed new life into it. In 1823 a respected group of citizens formed, with Prussian support, a Festival Committee. It still exists today. Some semblance of order and organization was brought to the boisterous Carnival antics, and on 23rd February 1823 the first Rosenmontag parade took place, which even Gœthe liked and which was soon taken up on the day before Shrove Tuesday all over Germany. The Carnival Hero was raised to the Clown's Throne, the incarnation of longing for the old imperial splendour of yesteryear. In 1872 he became a "Prince". He was supported by the "Kölsche Boor", a symbol of Cologne's defiance and loyalty to the empire, and the "Maiden", "Mother Colonia" often associated with Agrippina. The triumvirate was created that is still elected today from the ranks of the many Carnival associations. The oldest Carnival corps are the Red Sparks of 1823, in the uniforms of the imperial city mercenaries. Somehow or other all subsequent groups seem to have taken their lead from the Sparks when they came to choose their uniform. It is part of the Carnival tradition to dress up, put on a mask, and slip into a colourful costume or tunic for a few hours and change your identity.

Le carnaval de Cologne est aussi appelé la «cinquième saison» de l'année. Ses racines remontent à très loin, aux rites antiques que l'on pratiquait pour chasser l'hiver et annoncer la venue du printemps. Dans le Cologne romain, la «barque des fous» était déjà accompagnée d'une joyeuse foule masquée et de musique étourdissante. Au moyen-âge, on évoquait encore la «fête de Dionysos», même si l'exorcisation des démons de l'hiver et les rites romains de la venue du printemps appartenaient au passé. Depuis le 10e siècle, l'Église avait introduit ces coutumes dans sa liturgie. Elles devinrent le mardi gras qui précédait les quarante jours de carême. La ville était en liesse durant un jour et une nuit. On faisait des festins opulents; des cortèges de fous, organisés par les corporations, parcouraient les rues où la population s'amusait follement, toutes classes confondues. L'ordre social très hiérarchisé, était oublié durant le carnaval. Mais il y avait aussi des fauteurs de troubles et les homicides n'étaient pas rares. Pour freiner les excès, le conseil municipal dut promulguer des lois prohibitives.

Les Français et les Prussiens qui occupèrent Cologne durant quelques années, n'appréciaient guère cette fête populaire qui leur paraissait très suspecte. Elle serait peu à peu tombée dans l'oubli si le romantisme n'avait ranimé les anciennes coutumes au 19e siècle. En 1823, des bourgeois de la ville fondèrent un «comité des fêtes» qui porte aujourd'hui le nom de «comité des fêtes du carnaval colonais». Organisation et ordre géraient désormais les divertissements. Le premier cortège officiel du «Lundi des Roses» défila dans les rues le 10 février 1823. Le défilé, dont Gœthe fit même l'éloge, eut un tel succès qu'on l'imita bientôt partout en Allemagne. Le «héros Carnaval» occupa d'abord le trône des fous, incarnation de la nostalgie de l'ancienne gloire impériale. En 1872, il fut remplacé par le «Prince», secondé du «Valet» symbole de la vaillance et de la fidélité à l'Empire des Colonais, et de la «Vierge», «Mère Colonia», souvent identifiée à Agrippina. Chaque année, ce triumvirat est élu parmi les membres d'une des nombreuses sociétés de carnaval de Cologne. La plus ancienne est celle des «Rote Funken», fondée en 1823, dont le corps porte l'uniforme rouge et blanc des soldats de l'ancienne ville libre impériale. La plupart des sociétés de carnaval possèdent également leurs «bataillons». La parodie militaire est un des aspects traditionnels du carnaval allemand.

KÖLN · COLOGNE · COLONIA
Gürzenich 7
Hauptbahnhof/Station 2
Opernhaus/Theater 13
Rathaus 6
Wallrafplatz am WDR 1
„Weckschnapp" 39
4711-Haus 40
Museen · Museums · Musées
Museos · Musel
Diözesan Museum 4
Kölnisches Stadtmuseum 18
Römisch-Germanisches-Museum 3
Schnütgen Museum 16
Wallraf-Richartz-Museum / Museum Ludwig 38
Museum für angewandte Kunst 9
Tore u. Stadtmauerreste
Rests of town wall · Mur d'enceinte
Antigua muralla de la ciudad
Le porte medioevali della città
Bottmühle 25
Eigelsteintor 23
Hahnentor 34
Malakoffturm 12
Römerturm 19
Severinstor 26
Stadtmauer-Reste 21, 29
Ulrepforte 28
Fußgängerzone
The pedestrian zones
Zone piétonnière
La Zona de peatones entre
Zona pedonale
Hotels
Hotel im Wasserturm 49
Renaissance 46
Holiday Inn 47
Maritim 48
Dorint 45
Altea 50
Habsburgerring
Rudolfplatz
Hohenzollernring
Hohenstaufenring
Salierring
Sachsenring
Ubierring
Jahnstr.
Hahnenstr.
Mittelstr.
Apostelnstr.
Mauritiussteinweg
Neumarkt
Richmodstr.
Am Weidenbach
Neue Weyerstr.
Bobstr.
Bayardsgasse
Fleischmengergasse
Kleiner Griechenmarkt
Großer Griechenmarkt
Waisenhausgasse
Rothgerberbach
Cäcilienstr.
Schildergasse
Krebsgasse
Offenbachplatz
Blaubach
Ulrichgasse
Kartäuserwall
Kartäusergasse
Kartäuserhof
Nord-Süd-Fahrt
Severinstr.
Mühlenbach
Sternengasse
Stephanstr.
Gürzenichstr.
Hohe Str.
Pipinstr.
Josephstr.
An St. Katharinen
Achterstr.
Rosenstr.
Follerstr.
Mathiasstr.
Kl. Witschgasse
Filzengraben
Paradiesgasse
Heumarkt
Markmannsgasse
Severinsgasse
Mechtildisstr.
Holzmarkt
Am Leystapel
Bayenstr.
Annostr.
Dreikönigenstr.